新零售 经营管理一本通

商场超市卖场服务与生鲜管理

新零售运营管理项目组　组织编写

化学工业出版社
·北京·

内容简介

《商场超市卖场服务与生鲜管理》一书详细论述了新零售时代商场（超市）的转型、卖场服务礼仪、卖场营业前服务、卖场营业中服务、卖场营业后服务、卖场应急服务、生鲜采购管理、生鲜加工管理、生鲜陈列管理、生鲜销售管理、生鲜损耗管理、生鲜鲜度管理12个部分的内容。

本书定位于实操，完全去理论化，内容简洁实用，同时板块设置精巧、结构清晰明确。既可作为专业培训机构、院校相关专业等的培训教材、培训手册，又可以作为商场（超市）各级人员的工作指导书，直接应用于实际工作中。

图书在版编目（CIP）数据

商场超市卖场服务与生鲜管理/新零售运营管理项目组组织编写．—北京：化学工业出版社，2021.2（2024.10重印）
（新零售经营管理一本通）
ISBN 978-7-122-38111-8

Ⅰ.①商… Ⅱ.①新… Ⅲ.①商场-商业服务 ②超市-商业服务③商场-商品管理④超市-商品管理 Ⅳ.①F717

中国版本图书馆CIP数据核字（2020）第243633号

责任编辑：陈 蕾	文字编辑：王春峰 陈小滔
责任校对：宋 玮	装帧设计：尹琳琳

出版发行：化学工业出版社（北京市东城区青年湖南街13号 邮政编码100011）
印　　装：北京盛通数码印刷有限公司
710mm×1000mm 1/16 印张15¾ 字数296千字 2024年10月北京第1版第4次印刷

购书咨询：010-64518888　　　　　　　　售后服务：010-64518899
网　　址：http://www.cip.com.cn
凡购买本书，如有缺损质量问题，本社销售中心负责调换。

定　　价：68.00元　　　　　　　　　　　　　　　版权所有　违者必究

前言

遍地开花的商场（超市）给人们的生活带来了便利，成为人们生活中不可或缺的一部分。在经济多元化发展的大环境下，消费者对购物体验的要求越来越高，既注重产品也注重消费体验，而智能陈列及商超设备的出现，则满足消费者的需求，促进了商超行业的发展，也适应了时代的发展。

随着电商行业的不断发展，传统零售行业经历了一段长时间的低迷，但在互联网技术的推进下，零售行业将线上技术融会贯通，新零售应运而生，成为当下的热门行业。

零售行业一直秉承着客户、流量为上帝的原则，只有留住顾客，增强客户的黏性，才能得到更长久的发展。然而在如今这样一个竞争压力大的网络时代，仅靠着卖场的营销手段已经不能将客户牢牢绑定。商场（超市）亟需找到新的营收增长点，突破口便是结合科技，让企业往信息化、数字化、智能化的方向发展。如果卖场结合公众号、小程序、微信搜索等线上有效手段，就能很好地保留客户的信息，大幅度增加用户黏性，通过更多端口，有效沉淀客户资源。

目前，为应对电商冲击以及激烈的市场竞争，大多商场（超市）积极探索，不断创新商业业态，尝试线上线下融合业务。不仅是互联网企业，传统的商场（超市）也在悄悄布局到家业务，并且已经从最初的和第三方平台合作，发展到开发独立的App或小程序。

新零售可以说是商场（超市）依托互联网，通过运用大数据、人工智能等先进技术手段，对商品的生产、流通与销售过程进行升级改造，进而重塑业态结构与生态圈，并对线上服务、线下体验以及现代物流的深度融合。

新零售时代，就是让消费者的体验更快速、更便捷、更有价值。在互联网的高速发展下，零售行业只有打通更多渠道，才能有效占领市场份额，实现更高效的运营！

基于此，本项目组编写了"新零售经营管理一本通"丛书，具体包括《商场超市运营与管理》《商场超市布局与陈列》《商场超市营销与促销》《商场超市卖场服务与生鲜管理》。

其中,《商场超市卖场服务与生鲜管理》由导读"新零售时代商场（超市）的转型"、卖场服务礼仪、卖场营业前服务、卖场营业中服务、卖场营业后服务、卖场应急服务、生鲜采购管理、生鲜加工管理、生鲜陈列管理、生鲜销售管理、生鲜损耗管理、生鲜鲜度管理12章内容组成。

本书定位于实操，完全去理论化，内容简洁实用，同时板块设置精巧、结构清晰明确。既可作为专业培训机构、院校相关专业等的培训教材、培训手册，又可以作为商场（超市）各级人员的工作指导书，直接应用于实际工作中。

在本书的编写过程中，由于笔者水平有限，加之时间仓促，疏漏之处在所难免，敬请读者批评指正。

编者

目 录

导读 新零售时代商场（超市）的转型

0.1 新零售概念的由来　　1
0.2 新零售与传统零售的区别　　2
0.3 传统零售向新零售的转型　　3
0.4 新零售背景下生鲜零售企业的经营对策　　6

第 1 章　卖场服务礼仪

服务礼仪是企业的无形财富，能够起到"硬件"所起不到的作用。现代化的商场（超市），不仅要建设、设施的现代化，更要服务现代化，因此，在服务过程中，必须注重礼仪。

1.1 卖场服务礼仪认知　　10
1.2 卖场员工仪表要求　　10
　　【范本】××超市员工仪容、仪表及着装规范　　11
1.3 卖场员工仪态要求　　13
1.4 卖场员工语言规范　　17
　　相关链接　商场营业员的应接礼仪　　19

第 2 章　卖场营业前服务

　　商品出售以前所进行的各种准备工作，目的是向顾客传递商品信息以引起顾客的购买动机。具体来说，营业前服务包括安全检查、卫生清洁、货品陈列等工作。

2.1　安全检查　　　　　　　　　　　　　　　　　　　　　24
2.2　卫生清洁　　　　　　　　　　　　　　　　　　　　　31
　　　【范本】超市营业现场环境卫生清洁、检查细则　　　　38
2.3　货品陈列　　　　　　　　　　　　　　　　　　　　　43

第 3 章　卖场营业中服务

　　卖场营业中服务是指卖场中的售货员在与顾客交易的过程中，为顾客提供的各种服务，包括接待顾客、介绍商品、展示商品、办理成交、包装商品等服务。

3.1　接待顾客　　　　　　　　　　　　　　　　　　　　　46
　　　相关链接　学会察言观色，助你读懂对方心理　　　　　48
3.2　介绍商品　　　　　　　　　　　　　　　　　　　　　55
　　　相关链接　商品介绍用语的艺术　　　　　　　　　　　57
3.3　展示商品　　　　　　　　　　　　　　　　　　　　　60
　　　相关链接　辅助材料的收集途径　　　　　　　　　　　63
3.4　办理成交　　　　　　　　　　　　　　　　　　　　　63
　　　相关链接　单据上数字填写要求　　　　　　　　　　　67
3.5　包装商品　　　　　　　　　　　　　　　　　　　　　69

第 4 章　卖场营业后服务

　　营业后的服务，是指商品出售后继续为顾客提供的各种服务，包括退换货、送货、解决抱怨、处理投诉等。

4.1	退换货服务	72
	【范本】××商场商品各大类退换货标准	75
4.2	送货服务	78
	相关链接 沃尔玛中国提升顾客服务	79
4.3	解决抱怨	80
4.4	处理投诉	82
	相关链接 重视顾客情绪巧妙解决投诉	84

第5章 卖场应急服务

商场（超市）除正常的营运作业之外，突发事件时有发生，其危害之大是不可估量的。因此为减少和降低财产的损失和人员的伤亡，迅速、有效地处理紧急事件，进行抢救作业，商场（超市）需做好突发事件的应急处理。

5.1	突发事件的类型	88
5.2	突发事件的处理原则	88
5.3	设立突发事件处理小组	89
5.4	制订紧急情况计划	90
5.5	紧急通讯录的设置	91
5.6	突发事件的处理程序	92
5.7	各类紧急事件的处理	93
5.8	突发事件应急演练	105
	【范本】××商场突发事件应急预案	106
	相关链接 应急演练要"演"真"练"实	110

第6章 生鲜采购管理

采购是商场（超市）进行商品销售、物流配送和实现盈利的前提。采购数量不当、商品品质参差、成本价格过高都会阻碍商品的正常销售。因此，商场（超市）离不开科学的采购管理。

6.1 生鲜采购前的需求调查 114
6.2 建立生鲜商品的组织结构 116
6.3 生鲜采购的特点 118
6.4 生鲜采购的模式 119
6.5 生鲜商品采购的渠道 120
6.6 生鲜采购的流程 121
6.7 生鲜采购量的控制 123
6.8 生鲜采购合同的内容规定 125
6.9 生鲜供应商的管理 126
　　相关链接　生鲜商品的采购技巧 127
6.10 生鲜的网上采购 130

第7章　生鲜加工管理

生鲜果蔬、鱼、肉等商品，其形状大小、规格均不同，经过加工处理后，展现出价值感、丰富感与鲜度感，从而激起顾客的购买欲望，这便是生鲜加工处理的最佳表现。

7.1 果蔬加工处理 136
　　【范本】果蔬的加工处理作业规范 140
7.2 肉类加工 144
　　【范本】××超市白条猪分割作业程序 147
7.3 水产品加工 149
7.4 熟食（面包）加工 151
　　【范本】××超市熟食制作加工 153

第8章　生鲜陈列管理

生鲜是商场（超市）的主力商品之一，虽然带不来太多利润，但能够吸引大量顾客，促成连带购买行为。而生鲜的陈列则直接影响到商场（超市）的整体经营。生鲜陈列要注意两个问题：一是新鲜，二是干净。生鲜种类繁多，就必须掌握好一些基本的陈列方法和技巧。

8.1 生鲜陈列的标准 158
8.2 果蔬的陈列 158
8.3 水产品的陈列 166
8.4 肉类的陈列 170
8.5 熟食的陈列 171
　　【范本】生鲜食品的陈列标准 175

第 9 章　生鲜销售管理

　　凭借陈列面的装饰、商品品质、表面颜色、排面的丰富感及整齐感，这种无言的销售方式，能够激起顾客的购买欲，以达到商品促销效果。因此，商场（超市）要做好生鲜食品的销售管理，包括理货、补货、促销等工作。

9.1 生鲜商品排面整理 184
9.2 生鲜商品补货 184
　　相关链接　如何做好门店手工补货 188
9.3 生鲜商品计量 189
9.4 生鲜商品标价 189
　　【范本】商品标价签管理规定 191
9.5 生鲜商品促销 192
　　相关链接　现场销售创意 197
　　相关链接　如何调整生鲜商品的价格 199

第 10 章　生鲜损耗管理

　　生鲜一直都是商场（超市）的聚客利器。长期以来，由于生鲜损耗大，绝大多数商场（超市）只将其当做以微利甚至无利的优惠赢得客流量和客单价的策略性商品。不过，如今随着生鲜自营和精细化管理普及，生鲜通过科学的防损管理，也可以成为企业的盈利商品。

10.1	生鲜损耗产生的原因	202
10.2	损耗控制的思路	205
	相关链接　对于生鲜区损耗控制的认识	207
10.3	生鲜损耗控制的环节	208
	相关链接　超市生鲜降损耗增利润的环节	213
10.4	果蔬损耗控制	214
10.5	肉类损耗控制	216
10.6	水产损耗控制	218
10.7	熟食（面包）损耗控制	220
10.8	日配损耗控制	222
10.9	生鲜耗材控制	222
10.10	生鲜报损手续	223

第 11 章　生鲜鲜度管理

生鲜食品的经营是一项技术含量高、管理要求严的专业工作，如有不慎，容易造成损坏和变质，营养质量下降。生鲜食品的新鲜度是消费者共同关注的首要问题，也是商场（超市）生鲜经营的立足点。

11.1	鲜度管理的相关知识	226
11.2	果蔬鲜度管理	228
11.3	肉类鲜度管理	229
11.4	水产品的鲜度管理	233
	相关链接　水产品鲜度质量标准	235
11.5	熟食鲜度管理	237
11.6	日配品的鲜度管理	241

导读
新零售时代商场（超市）的转型

随着互联网和电子商务的发展，现如今，传统意义上的零售商业模式已经难以满足社会发展需要，尤其是经营结构和产业结构方面受到了严重影响，因此我国零售行业逐渐开始转型升级，形成了传统零售和网络零售并存的新型零售模式。

0.1 新零售概念的由来

2016年10月13日，时任阿里巴巴董事局主席的马云在阿里云栖大会上首次提出了"新零售"概念。马云提到，纯电商时代很快会结束，未来十年、二十年，只有新零售这一说，线上线下和物流必须结合在一起，才能诞生真正的新零售。

如今这一新概念已经得到了广泛认可，新零售就是指个人、企业以互联网为依托，通过运用大数据、人工智能等先进技术手段，对商品的生产、流通与销售过程进行升级改造，进而重塑业态结构与生态圈，并对线上服务、线下体验以及现代物流进行深度融合的零售新模式。如图0-1所示。

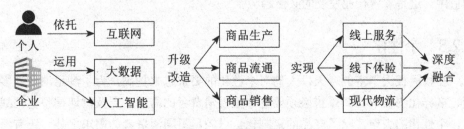

图0-1 新零售的概念

小提示

新零售的关键在于使线上的互联网和线下的实体店形成真正的合力,从而完成电商平台和实体店的优化与升级。

0.2 新零售与传统零售的区别

相较于传统零售行业,新零售的本质区别可以分为图0-2所示的四点。

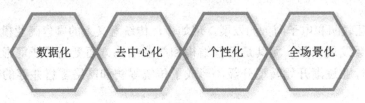

图0-2 新零售与传统零售的区别

0.2.1 数据化

在新零售业态中,人、货物、场地三者之间的关系将率先发生改变。对传统零售商家来说,很难收集到消费用户的行为和相关信息。但是在新零售环境中,可以通过对顾客的消费行为及其他信息,构建用户画像,打造数据化运营的基础。

0.2.2 去中心化

除了数据化是传统零售行业不可比肩的,新零售相较于传统零售的明显的改变还在于它的去中心化。即将获利方式从信息不对等的差价回归到产品与效能的增值中。这是零售行业发展的必然趋势。

0.2.3 个性化

在物质极大丰富的今天,人们对个性化的要求越来越高,为了满足消费者多变、多样化的需求,新零售必须要更加重视消费者的需求,更及时地调整营销战略。个性化的表现,除了产品的定制化,以满足不同消费者的需求之外,还有消费场景的要求。

0.2.4 全场景化

在新零售模式之下,消费场景无处不在。线上与线下应该是紧密结合在一起的,偏重其中一方都可能导致战略上的失衡。线上平台搭建,线下沉浸式消费场景,都是新零售区别于传统零售的优势。

传统零售购物场景是到店、拿货、付款、走人;网店零售的场景是浏览、购物车、付款、收包裹,相对来讲都比较简单;而新零售场景包括门店购、App购、小程序购、店中店触屏购、VR购、智能货架购、直播购等。

0.3 传统零售向新零售的转型

新零售模式的核心是线上消费、线下体验以及现代物流的深度融合,而深度融合要以"人"为中心。传统零售要想向新零售转型,图0-3所示的几点措施可供参考。

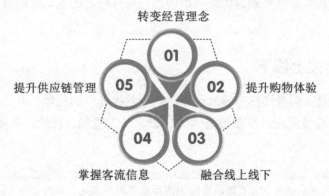

图0-3 传统零售向新零售转型的措施

0.3.1 转变经营理念

为了适应当下市场竞争激烈的现状,传统零售需做好图0-4所示的几点来转变传统的经营理念。

0.3.2 提升购物体验

现今商品的多样化使得商品本身难以有效地对顾客造成影响,因而可以通过打造商品品类组合的消费场景,吸引消费者的注意力及兴趣,触动消费者的购买

商场超市卖场服务与生鲜管理

1. 要构建起以消费者为中心的经营理念与营销模式，打破传统的商品中心理念，展现零售本身对消费者的价值，实现与顾客关系的良好搭建

2. 要处理好企业与顾客之间的连接关系，实现顾客价值的最大化，打造终身顾客的价值观念

3. 要建立起以流量为中心的观念，牢牢把握目标顾客、连接潜在顾客、转化影响观望顾客及准顾客、打造终身顾客价值的经营主线

4. 不能遗忘了社群对于消费者的影响力，注意企业同社群之间的关系

图0-4 转变传统的经营理念的措施

动机。顾客购物体验的提升，可以增强消费者在门店的黏性，为分析调整提供数据支持。在大数据的分析后，可以精确地为消费者进行画像，从而在消费者的购物过程中推送其可能感兴趣的优惠促销信息，提升顾客的随机采购率，打造终身顾客价值。

0.3.3 融合线上线下

将线上和线下两者进行巧妙地结合，充分发挥各自的优势，可以在一定程度上突破区域和流量限制，有效促进"人、货、场"重构。在此，需要做到图0-5所示的几点。

1. 在现有基础上，对实体店面的加盟标准逐渐规范化，将线上线下的价格标准进行统一

2. 线上线下双方达成合理的利益分配方案

3. 建立一个可以提供库存及会员信息等内容的共享系统

4. 培训门店导购，使其理解线上线下零售模式，使门店导购与线上导购相互融合、互相合作

图0-5 融合线上线下的措施

0.3.4 掌握客流信息

消费者为主导的时代,门店需要高度展现以消费者为中心的理念。门店规划的核心就是留住顾客、增加顾客停留时间,让消费者成为主角。可以通过技术上的支持,实现大数据的采集及相应的管理,从而精确掌握消费者在卖场里的购物线路、停留时间、意向商品及购物清单等,实现人、货、场的数据关联,为门店的调整提供数据支持。

另外,也可以实现自助收银,自助收银不仅节省费用,还可以解决消费者注册问题,把消费者变为数据化资产,成为可以连接的流量资源,而且还有利于提升年轻消费群体的购物体验。

0.3.5 提升供应链管理

当生鲜行业进入"中场战事",供应链管理能力,就成了品牌最根本最核心的竞争力。毕竟,在特殊的疫情期间,消费者的诉求是"有得吃",也就是说,只要品牌有东西卖,能够满足基本的需求,消费者不会有太多挑剔。而当整个社会已经全面恢复常态后,消费者的需求也就回到了"吃得好",这时候,以更快的速度交付给顾客新鲜、实惠、丰富的产品,就需要供应链有稳定不断的供给能力了。

从市场背景到消费需求,都指向了企业建立供应链的重要性与必要性。一直是行业标杆的"盒马鲜生",以战略性外延、策略性调整的思路,再次为生鲜新零售提供了"中场进阶"的"样本"。

阿里巴巴相关负责人在接受媒体采访时曾表示:"2020年盒马会把供应链能力放在第一位,去建设一批愿意跟盒马共同成长的战略供应商,以及建各种各样的蔬菜基地、水果基地、肉禽蛋的战略合作伙伴基地等,希望到年底以后,盒马有50%商品外面是买不到的。"

为了实现这一点,盒马计划2020年在国内所有盒马入驻的城市建立加工中心,从而保证门店供应商品的能力。而早在2018年11月,盒马就宣布启动了总投资达20亿元的华中区域供应链运营中心项目。

但加工中心并不是盒马供应链的终局。"建立产、供、销三大平台,在全国落地1000个数字农业基地,对农业产业进行全链路数字化升级"的阿里数字农业事业部,在2020年4月,将百亿级产业基地落户在上海浦东新区航头镇。

这座百亿级产业基地是一个集全自动立库、自动存储输送、分拣加工为一体的加工配送中心,预计2022年投产使用,年营收将超100亿元,服务于上海各大盒马门店。盒马村、数字农业示范基地和订单农业生产基地,将在上海全速开拓。

0.4 新零售背景下生鲜零售企业的经营对策

随着经济快速发展,传统的生鲜零售商逐步开启"线上+线下"的新零售模式。生鲜市场面临低利润、高损耗的普遍问题,虽然拥有巨大的商机,却很难盈利。对此,在新零售背景下,生鲜零售企业应不断改变经营模式,找到适合自己的经营对策,具体如图0-6所示。

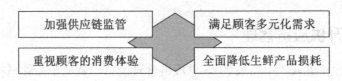

图0-6 新零售背景下生鲜零售企业的经营对策

0.4.1 加强供应链监管

生鲜零售企业应对自身的供应链开展从生鲜生产基地(或采购)、物流配送、品质监控到门店销售等的全程管理和监督;在供应链方面加强企业合作,帮助节约采购成本,同时便于加强货源的监管。通过优质的供应链,提高生鲜的质量,这有利于生鲜产品形成差异化和专业化,满足顾客多元化的个性需求。

0.4.2 重视顾客的消费体验

生鲜零售企业应保证消费者的消费体验,通过确保高质的供应链和先进的冷链物流体系来保证生鲜产品的新鲜品质,可以通过达成限定时段内送货上门的承诺,让消费者每次消费得到基本同质的消费体验。

0.4.3 满足顾客多元化需求

在"互联网+"环境下,顾客的需求主要包括:对生鲜产品新鲜程度的需求、对购买产品便利性的需求、对生鲜产品精加工和定制化的需求以及对营养健康等更高层面的需求。生鲜零售企业应该利用互联网、大数据等技术,从供应链、物流、增值性服务、个性化服务等方面出发,建立起一套基于消费者需求的生鲜零售的销售模式。

0.4.4 全面降低生鲜产品损耗

生鲜产品的损耗占生鲜零售商较大成本，因此，降低产品损耗有助于提高盈利能力。生鲜零售企业可以从图0-7所示的几方面来降低损耗。

1. 使门店具备仓库的性质，从门店发货，可以节约仓储费用，降低养护管理成本

2. 对产品进行适度的加工，做好包装，能降低顾客翻拣产品时所产生的损耗

3. 采取"零售+餐饮"的模式，可以解决部分临期产品的处理问题

4. 充分利用大数据指导采购和运营，一方面可以估测顾客的需求量，让库存既能保证顾客需求，又不超出太多导致卖不掉、只能腐坏的结果；另一方面可以分析消费者需求的价格弹性，帮助营销计划的设定

图0-7 降低生鲜产品损耗的措施

第1章
卖场服务礼仪

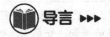 导言 ▶▶▶

> 服务礼仪是企业的无形财富，能够起到"硬件"所起不到的作用。现代化的商场（超市），不仅要建设、设施的现代化，更要服务现代化，因此，在服务过程中，必须注重礼仪。

1.1 卖场服务礼仪认知

礼仪是人们在工作或社会交往中，体现出来的互相尊重的亲善友好的约定俗成的行为规范和惯用形式，它既可以指表示敬重而举行的某种仪式，也泛指社交的礼节礼貌，包括人的仪表、仪态、礼节等，用以规范人的行为、举止，调整人与人之间的关系。

服务礼仪是指服务人员在自己的工作岗位上，向顾客提供服务时标准的、正确的做法，主要体现在服务人员的仪表、仪态、语言、礼节等方面。

1.2 卖场员工仪表要求

所谓仪表一般是指人的外表，包括人的容貌、服饰、发型、姿态、风度等。卖场员工仪容仪表要求规范具体表现在图1-1所示的几个方面。

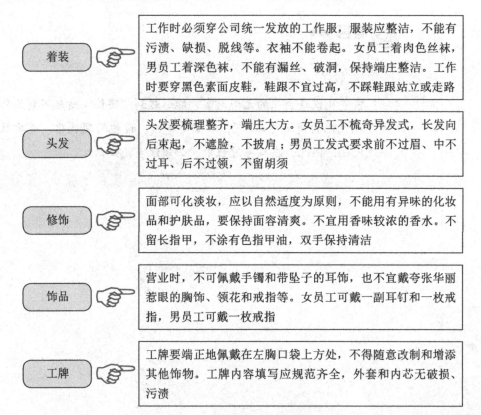

图1-1 仪容仪表的规范要求

下面提供一份××超市员工仪容、仪表及着装规范的范本,仅供参考。

【范本】

××超市员工仪容、仪表及着装规范

一、目的

为规范员工行为,树立企业形象,打造作风过硬的团队,特制定本制度。

二、适用范围

本制度适用于××超市全体员工。

三、要求

(一)着装

1. 总部要求

男员工上班应穿着白衬衣、西服,打领带,深色皮鞋,衬衣下摆束入裤内;女员工上班应穿着制式白衬衣、黑色或深蓝色职业装,鼓励化淡妆,不佩戴过分夸张的首饰。夏季要求穿着制式半袖白衬衫,男士穿黑色或深蓝色西裤,女士可着黑色或深蓝色短裙。自由着装的人员需经单位领导同意,报产业集团人事行政部备案。

2. 门店要求

2.1 部门经理/防损主管/防损员:和总部员工着装要求一致。

2.2 部门主管/录入员/收货员/理货员/客服员/收银员/促销员:上衣为公司指定的T恤或橘色西装(客服员及前台主管),下身为黑色或深蓝色裤子,黑色休闲鞋。

3. 着装原则

3.1 员工上班着装应整洁、得体、大方,颜色力求稳重。保持服装纽扣齐全,无掉扣,无破洞。

3.2 着装要规范,不得挽起衣袖,不得卷起裤脚(施工、维修、搬运时可除外)。

3.3 总部、门店员工上班必须着工装。工装外不得穿着其他服装,工装内衣物下摆不得露出(11月至翌年4月毛衣除外)。非因工作需要,不得在门店、办公场所以外着工衣。

3.4 上班时间内严禁穿牛仔裤、休闲服、短裤、运动鞋等非正式服装,严禁穿超短(膝盖上10厘米以上)、超薄、露胸、露脐、露腰、露背、吊带裙、吊带背心、套帽等服装。

3.5 门店生鲜熟食区员工上班时间必须戴帽、口罩、手套、围裙,并将头发束入帽内。其他人员非因工作需要上班时间禁止戴帽。

3.6 员工上班时间应保持鞋面干净。禁止穿家居拖鞋、雨鞋上班。门店海鲜档员工、雨天场外值勤防损人员等特殊岗位人员因工作需要可以穿雨鞋。

（二）发式

1. 男员工不得留长发，不得剃光头。
2. 总部女员工的具体发式不限，以符合个人形象、气质为宜，但不得蓬头散发，不得戴夸张的头饰。
3. 门店女员工头发需束起，染发允许染黑色、褐色等暗色，不得染过于夸张的颜色，如：大红色、蓝色、扎眼的黄色等。
4. 员工上班时间内保持头发梳理整齐、干净、无异味。

（三）工牌

1. 员工工作期间必须佩戴工牌，员工工牌应垂直悬于胸前，正面朝外，不得有遮挡。门店促销员工牌应端正佩戴在左胸适当位置，非因工作需要不得在门店、办公场所以外佩戴工牌。
2. 工牌如有遗失或损坏，应立即到人事行政部办理工牌补发或维修。
3. 不得在工牌上乱贴乱画，保持工牌的整洁。
4. 严禁将工牌转借他人作任何用途。

（四）其他要求

1. 员工的指甲必须修理好并保持清洁，女性不得涂指甲油。
2. 男员工不得留胡须。
3. 男员工不得佩戴耳环，女员工佩戴的耳环两侧须一致，长度不可超过1.5厘米。
4. 不要吃有异味的东西，避免口中有异味。
5. 生鲜部门员工除婚戒外不得佩戴一切首饰，以免饰品落入食品当中。

四、罚则

1. 每位员工都应自觉遵守员工行为规范；每位员工都有维护、纠正、举报其他员工违反规范行为的权利；
2. 首次或轻微违反员工行为规范的，处以20元以下罚款；
3. 第二次及以上或较重违反员工行为规范的，处以50~100元罚款；
4. 严重违反员工行为规范的员工要进行辞退。

五、附则

（一）本制度由人事行政部起草并负责解释。

（二）本制度中罚则不排除其他制度约束。
（三）本制度自颁布之日起实施。
（四）员工工装正确图例。（略）

1.3 卖场员工仪态要求

仪态也叫仪姿、姿态，泛指人们身体所呈现出的各种姿态，它包括举止动作、神态表情和相对静止的体态。人们的面部表情，体态变化，行、走、站、立、举手投足都可以表达思想感情。仪态是表现个人涵养的一面镜子，也是构成一个人外在美好的主要因素。不同的仪态显示人们不同的精神状态和文化教养，传递不同的信息，因此仪态又被称为体态语。

1.3.1 站姿礼仪

站立是人们生活、工作、交往中的一种最基本姿态，是人们静态造型的动作。正确标准的站姿，是一个人身体健康、精神饱满的体现，站姿要端正，站姿礼仪的基本要求如图1-2所示。

- 头正，脖颈挺直，双目平视，嘴唇微闭，下颌微收
- 两肩放松，稍向下沉，自然呼吸，人体有向上的感觉
- 躯干挺直，收腹、立腰、挺胸、提臀
- 双臂自然下垂于身体两侧，手指并拢自然弯曲，中指贴裤缝
- 双腿并拢、直立
- 双脚呈V字形或T字形

图1-2 站姿礼仪要求

1.3.2 坐姿礼仪

坐姿礼仪要求如图1-3所示。

1. 上身自然挺直，挺胸，双膝自然并拢，双腿自然弯曲，双肩自然平正放松，两臂自然弯曲，双手放在双腿上或扶手上，掌心向下

2. 头正，嘴唇微闭，下颌微收，双目平视，面容平和自然

3. 女员工坐椅子的2/3，脊背轻靠椅背

4. 离座时，要自然稳当，右脚向后收半步，然后起立，起立后右脚于左脚并齐

5. 谈话时身体可以有所侧重，但要注意头、胸、髋、四肢的协调配合

图1-3　坐姿礼仪要求

1.3.3 行走礼仪

行走礼仪要求如图1-4所示。

1. 在商场内行走时要注意礼让顾客，当顾客人多，堵住道路时，应轻声地说"对不起，请借光""劳驾，请让一让"，然后从顾客身后走过

2. 与顾客迎面行走时，要谦让地主动给顾客让路

3. 在与顾客上下楼梯相遇时，应请顾客先上，自己走在后边

4. 在通道行走时，不要并行，不要边走边聊天，不要手拉手行走，更不可勾肩搭背

图1-4　行走礼仪要求

1.3.4 手势礼仪

手势礼仪要求如图1-5所示。

指引手势：五指并拢，掌心朝上，手臂以肘关节为轴，自然从体前上扬并向所指方向伸直（手臂伸直后应比肩低），同时上身前倾，头偏向指示方向并以目光示意

交谈手势：与人交谈使用手势时，动作不宜过大，手势不宜过多，不要用拇指指向自己（应用手掌轻按左胸），不要击掌或拍腿，更不可手舞足蹈

图1-5 手势礼仪要求

> **小提示**
> 在交谈中，伸出食指向对方指指点点是很不礼貌的举动。这个手势，表示出对对方的轻蔑和与指责。更不可将手举高，用食指指向别人的脸。西方人比东方人更忌讳别人的这种指点。

1.3.5 表情礼仪

所谓表情，指的是人通过面部形态变化所表达的内心的思想感情。员工在工作之中的表情神态如何，在服务对象看来，往往与对待对方的态度直接相关。

表情礼仪主要是指目光、笑容两方面的问题。其总的要求是，要理解表情，把握表情，在为顾客服务时努力使自己的表情热情、友好、轻松、自然。

表情礼仪要求如图1-6所示。

要求一：目光要坦然、亲切、和蔼、有神。做到这一点的要领是：放松精神，把自己的目光放虚一些，不要聚焦在对方脸上的某个部位，而是好像在用自己的目光笼罩对面的整个人

要求二：笑容要甜美，温和友好，自然亲切，恰到好处。促销员应当满面笑容，要为服务对象创造出一种令人倍感轻松的氛围，使其在享受服务的整个过程之中，感到愉快、欢乐和喜悦，同时也表现出促销员对服务对象的重视与照顾

图1-6 表情礼仪要求

1.3.6 上岗礼仪

上岗礼仪要求如图1-7所示。

1. 应提前上班,留有充分的时间检查自己的装束和做工作前的准备
2. 见到同事和顾客应心情舒畅地寒暄问候
3. 切勿随便离开岗位,离岗时要取得上级的同意并告知去处
4. 不要交头接耳
5. 呼叫同事时不要省去尊称
6. 不用外号呼叫别人
7. 不扎堆
8. 不抱着胳膊
9. 不把手插进裤兜里

图1-7 上岗礼仪要求

1.3.7 接待礼仪

接待礼仪要求如图1-8所示。

1. 不要看到顾客穿着不好或购买金额较少就态度冷淡
2. 不论对待什么样的顾客,都应诚心诚意地笑脸相迎
3. 对儿童、老年人及带婴儿的顾客要格外亲切接待

第1章 卖场服务礼仪

4 对询问其他企业地址的或问路的顾客应以笑脸相迎,热情地告知

5 顾客有事询问时要告诉清楚

图1-8 接待礼仪要求

1.4 卖场员工语言规范

语言不仅是传递信息的工具,同时也是体现服务水平的艺术。语言是否礼貌、准确、得体,直接影响着客人对商品或服务的满意程度。

1.4.1 接待顾客的"五声"标准

接待顾客应做到"五声"标准,如图1-9所示。

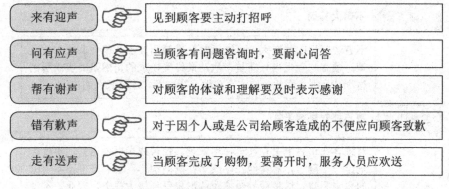

图1-9 接待顾客的"五声"标准

(1)来有迎声。见到顾客要主动打招呼。

例如:"您好!欢迎光临!""早上好!有什么可以帮到您?""晚上好!好久不见了!×小姐!"

(2)问有应声。当顾客有问题咨询时,要耐心回答。

例如:"请到这边来!""对不起,我不太清楚,我帮您问一下同事,请稍等!"

(3)帮有谢声。对顾客的体谅和理解要及时表示感谢。

例如:"谢谢您!我来吧!""多谢您的体谅!""谢谢您的帮助!"

(4)错有歉声。对于因个人或是公司给顾客造成的不便应向顾客致歉。

例如:"抱歉,让您久等了!""我们的工作给您带来不便,请包涵!""不

好意思，我来吧！"

（5）走有送声。当顾客完成了购物，要离开时，服务人员应欢送。

例如："谢谢，欢迎下次光临！""请慢走！""请带好您的随身物品！"

1.4.2 服务用语的基本原则

卖场员工在接待顾客时，用语要遵循图1-10所示的基本原则。

原则一 讲求讲话的顺序和逻辑性

思维混乱、语无伦次，必将导致顾客不知所云，无所敌适从，因此，营业员必须把握好说话的条理性、层次性，清晰、准确地向顾客表达自己的意思

原则二 突出重点和要点

销售用语的重点在于推荐和说明，其他仅仅是铺垫。因此，在接待顾客中，必须抓住重点，突出要点，以引起顾客的注意和兴趣

原则三 不夸大其词

不着边际地吹嘘夸大，可能暂时会推销出商品，但并非永久的良策。顾客吃亏上当只能是一次，最终受损失的仍然是商店或所销售产品品牌。因此，诚实客观地介绍推荐，才是长久的良策

原则四 决不能对顾客无礼

对顾客在语言上失礼甚至使用讽刺、挖苦或污辱性语言，不仅会气跑一个顾客，对其他在场或不在场的顾客，也会产生不易消除的恶劣影响。这种行为会使企业形象受到极大损害，因此，不论遇到什么情况，都必须避免冲撞顾客

原则五 不使用粗俗语言和方言土语

在接待顾客过程中，营业员不能讲粗俗不堪的市井语言，即便是对同事讲话，也要讲求文明用语，另外，尽量不使用方言土语

原则六 不贬低同类产品

在接待顾客时，要客观地、实事求是地介绍各类产品，帮顾客出主意，不要因为想卖这一个产品，而贬低其他产品

图1-10 营业用语的基本原则

1.4.3 服务用语禁忌

对于零售业来说,顾客就是上帝。而一线员工是直接面对面与顾客接触的,所以规范员工的服务用语对于提高企业的服务质量有着重要的作用。以下这些用语是零售业的禁忌。

(1)否定语。是指对于顾客的疑问,直接采用否定的态度和语气予以拒绝。

例如,"我不会""我不知道""不可能,绝对不可能有这种事发生""这不是我应该做的"。

(2)蔑视语。是指轻视、小看顾客,从言语和态度上对顾客表示反感。

例如,"乡巴佬""买不起就别买""这种问题连三岁小孩子都知道""不买就别问""到底要不要,想好了没有"。

(3)烦躁语。是指因自身心情不好,烦闷不安,而将情绪带给顾客;或是对顾客的询问表现得不耐烦。

例如,"你要的这种没有""不是告诉你了吗?怎么还不明白""有完没完,真是麻烦""没看我正忙着吗?一个一个来"。

(4)斗气语。是指在与顾客沟通中,对顾客有意见或闹情绪,或直接与顾客抬杠。

例如,"您到底想怎么样呢""我就这服务态度,您能怎么样呢""有本事你投诉我去""我解决不了,愿意找谁找谁去"。

相关链接

商场营业员的应接礼仪

商场的环境因素给消费者提供的是购物的场所和可供选择的物品及服务,交易的达成最终是通过营业员与消费者之间面对面的交流和沟通来实现的。营业员作为商场的代表,她的一言一行不仅是个人形象的体现,更重要的是企业形象的体现。高水平的礼貌服务不仅可以弥补环境因素的不足,对树立良好的企业形象,加深企业与消费者的感情交流亦有极大的作用。总体上说,一名称职的商场营业员在服务中应做到:主动微笑迎客,使用敬语待客,公平诚实交易,当好顾客参谋,真心诚意谢客。在具体工作中应注意以下一些问题。

1. 仪态

仪态是一个人的无声语言,得体的仪态既是自我精神的表现,也是对顾客的一种尊重。饱满的精神、端庄的仪表、文雅的举止、自然的表情常胜过千言万语。

商场服务员应统一着装、穿戴整齐、洁净大方。统一的着装不仅便于消费者识别,更重要的是它能体现企业的素质、品位和文化内涵。良好的仪态容易使消费者产生信任感和进一步沟通的欲望;反之,则会加大与消费者之间的距离,令消费者感到不自在,避之惟恐不及。

营业员在工作中,无论是站是走都应始终保持姿态的大方、自然,给消费者以自信、热情的感觉;反之,散漫猥琐、心不在焉,则易使消费者产生不信任或受冷落的感觉。

营业员与顾客交流时两眼应正视对方,给顾客以真诚的感觉,否则,会给人以缺乏自信,或是轻视对方的感觉,这是人际沟通之大忌。

双手的姿势和动作是重要的形体语言组成部分,商场营业员应时刻注意自己的双手姿势,不要给人以手忙脚乱、六神无主的感觉,不要有不雅观的习惯动作或姿势。

2. 语言

语言是表达思想、沟通感情的主要工具,一个人的语言表达能充分体现他的品德、修养和知识。俗话说"良言一句三冬暖,恶语伤人六月寒",得体的语言表达常有事半功倍之效,同样失礼的语言亦会使前功尽弃。尊重对方的语言,亦会赢得对方的尊重。

商场面对的不仅是本地消费者,还要为外地,乃至外国消费者提供服务,因此,营业员的语言能力直接关系到服务质量的好坏。试想一下,如果买卖双方各说各的,谁也不知道对方说的是什么,仅仅凭手势进行交流效果是可想而知的,其间的苦恼自不用说,即使成交也可能留下不必要的麻烦。商场营业员不仅要会说普通话,还应对中国主要的方言以及英语日常用语有初步的了解和掌握,以便和不同消费者交流,了解他们的愿望,尽可能满足他们的要求。

语言的礼貌不仅体现在语言的掌握程度上,还表现在语言的表达技巧上,我们常说"一句话能把人说得跳起来,一句话也能把人说得笑起来"。商场服务语言的表达讲究:亲切——和气、谦逊、真诚;准确——给消费者提供正确、可靠的信息,表达明白,不含糊其词,不模棱两可;生动——言辞活泼、有感染力;文雅——言谈文明礼貌,言辞得体,不粗俗。具体地说,营业员在与顾客语言交流时应注意以下问题。

(1)恰当的称谓。恰如其分的称谓常给人以亲切感,可以起到很好的感情沟通作用，反之，则使人感到不愉快。称呼顾客时应注意根据年龄、性别、职业、地区、民族、习惯的不同，因人而异。在一些地区、行业流行的称呼方式，用到了其他地方和行业就未见得适宜，甚至会引起人的反感。营业员在称呼顾客时，应使用大众一般认可的称谓，如"同志""师傅""大爷""大娘""小朋友""小弟弟""小妹妹""先生""太太"等。对一些流行称谓，如"哥们""姐们"等，如果使用应慎重，切不可使用"哎""喂"等不礼貌，或带有偏见、歧视、侮辱色彩的语言指称顾客。

（2）使用"十字"礼貌用语。使用"十字"礼貌用语是对服务业员工的基本要求，所谓"十字"是指："您好""请""谢谢""对不起""再见"。但作为一个高素质的营业员，在实际工作中不应以此为满足，因为千篇一律的词句会使人厌烦，应注意根据具体情况使用不同的方式来表达你的意思。

（3）做到"六不"。即：不说阴阳怪气的话；不说低级趣味的话；不说讽刺挖苦的话；不说有伤别人自尊心的话；不说强词夺理的话；不说欺瞒哄骗的话。

3. 态度

满意周到的服务是与营业员的服务态度密切相关的，营业员如果对待消费者的态度有所偏差，再好的仪表、再标准的语言也是枉然。服务态度以公允、主动、热情、耐心、周到为基本要求。

（1）公允，要求营业员一视同仁，以正直的心态对待所有消费者，不因职业、地位、民族、地域、年龄、性别、外貌等的差异而有所不同，做到"童叟无欺"，处处体现平等待人、公平交易的精神。

（2）主动，要求营业员在工作中主动接近顾客，不消极等待，更不能对顾客视而不见，要让顾客有时刻被人关注和重视的感觉。应做到：主动和顾客打招呼；主动询问顾客的需求；主动当好顾客的参谋；主动帮助挑选商品；主动帮助顾客解决问题，处处体现顾客至上的精神。

（3）热情，要求营业员以饱满的精神状态投入工作，以真诚、自如的微笑，以温和、清楚的语调对待顾客。应做到：顾客来时有招呼；顾客询问有回应；挑选商品有介绍；收款找零有交代；顾客离开有道别，处处体现礼貌服务的精神。在热情为顾客服务时，营业员必须恰当地表达热情，把握分寸，切忌为达到推销商品的目的而"过分热情""不厌其烦"和"喋喋不休"，适当的感情距离有时更有利于沟通和交流。

（4）耐心，要求营业员在服务工作中充分理解消费者，把方便让给消费者，把困难留给自己，以百问不烦、有问必答的态度对待消费者。应做到：买与不买一个样；买多买少一个样；大人小孩一个样；生人熟人一个样；退货买货一个样；忙时闲时一个样，处处体现一切为了顾客的精神。

（5）周到，要求营业员在工作中从顾客的利益出发，想顾客之所想，急顾客之所急；从专业服务的角度出发为顾客解疑排难，相关事宜应向顾客解释清楚，不应对顾客有所隐瞒。每笔业务要有头有尾、善始善终，不能虎头蛇尾、粗枝大叶，要处处体现一切为了顾客的精神。

4. 规范服务

规范服务是现代商业经营的基本原则，是商场服务质量的基本保证，规范的服务亦表示了商场对消费者的一种尊重。营业员应熟悉服务程序、规范，尽可能为消费者提供满意的服务。但是商场客流变化大，情况较为复杂，需要营业员有较强的应变能力和适应能力，不可因自己的原因而怠慢顾客，降低服务质量。在营业高峰营业员应注意以下几个问题。

（1）按序服务，先来的客人有优先享受服务的权力。

（2）交叉服务，为提高服务速度，减小顾客等待的时间，营业员应有"接一顾二招呼三"的能力，即：在接待第一位顾客时，同时对第二、第三位（乃至更多）顾客有所关照（可以是招呼顾客"请稍等"，也可以是一个眼神），向顾客传递他们已被关注的信息，以取得顾客的谅解、支持和帮助。

第2章
卖场营业前服务

 导言 ▶▶▶

商品出售以前所进行的各种准备工作，目的是向顾客传递商品信息以引起顾客的购买动机。具体来说，营业前服务包括安全检查、卫生清洁、货品陈列等工作。

2.1 安全检查

安全的经营环境是商场（超市）所有工作的前提，没有一个安全的购物环境就无法使消费者放心购物。因此，商场（超市）的安全管理绝对不能放松，在营业前就要做好安全检查。

一般来说，商场（超市）的安全检查包括如下项目。

2.1.1 逃生路线的检查

（1）安全出口能否正常逃生。

① 安全出口门（上的推杆锁）是否功能正常？应没有暗锁、插销，能被轻易推开，能发出报警声，且每月至少被测试一次。

② 是否可以从店内安全出口直接到达店外安全区域？

（2）疏散通道是否畅通无安全隐患。

① 消防通道、疏散楼梯间是否有杂物、障碍物或积水？安全出口门是否能被完全打开？

② 紧急出口门1.4米范围内是否没有门槛或踏步？

③ 商场（超市）的疏散用门是否是平开门？不应采用推拉门、卷帘门、吊门、转门。

（3）疏散通道宽度是否足够并设置合理。

① 主要疏散通道的净宽度是否不小于3米？其他通向安全出口的疏散通道净宽度是否不小于2米？

> **小提示**
>
> 当卖场一层的营业区建筑面积小于500平方米时，主要疏散通道的净宽度可为2米，其他疏散通道净宽度可为1.5米。如果主通道中间设置有堆头，"净宽度"为堆头两边通道宽度相加。

② 后仓通道的宽度是否保持1米以上？

③ 营业区的安全疏散是否穿越仓库？当必须穿越时，是否设置疏散通道，并采用耐火极限不低于2小时的隔墙与仓库分隔？

2.1.2 应急照明与疏散指示的检查

（1）应急照明和疏散指示照明是否充足，功能是否正常。

① 卖场、后仓、加工间、后区办公室、消防疏散通道内、疏散楼梯内是否都配备有消防应急照明灯？应急照明灯是否有破损？是否处于充电状态（限于电池供电的应急照明灯）？

② 疏散通道的地面上是否设置有视觉连续的蓄光型辅助疏散指示标志？是否正确指向最近的安全出口？辅助疏散指示标志是否被遮挡或覆盖？辅助疏散指示标志所指示的疏散方向是否与上方灯光疏散指示标志所指示方向一致？

③ 所有安全出口门上方是否有"安全出口"灯光标志？

④ 按"测试键"或断开市政供电后，应急照明灯、疏散指示标志、"安全出口"灯是否都亮？所有逃生路线是否能够明确分辨？

（2）灯光疏散指示标志是否安装正确，没有被遮挡？

① 灯光疏散指示标志是否设置在疏散通道上方2.2～3米处？或者，是否设置在疏散通道转弯和交叉部位两侧的墙面、柱面距地面高度1米以下位置？

② 灯光疏散指示标志是否没有被任何海报、价格牌、商品等阻挡？

③ 灯光疏散指示标志是否正确指向最近的安全出口？灯光疏散标志是否有破损？

④ 灯光疏散指示标志的间距是否不大于20米？

⑤ 灯光疏散指示标志的规格是否不小于0.85米×0.30米？

> **小提示**
> 当一层的营业区建筑面积小于500平方米时，疏散指示标志的规格不应小于0.65米×0.25米。

2.1.3 消防广播的检查

（1）消防广播系统功能是否正常？

（2）消防广播系统中是否保存有预先的疏散录音？

（3）假设红色代码确认后，消防广播的录音能否被正确播放？如果不能，是否有播音员通过麦克风现场播放消防广播？

（4）在消防警铃响的情况下，消防广播能否在营业厅中被清晰听到？

2.1.4 消防器材

（1）灭火毯、消火栓及消防阀门是否正常？

① 厨房、面包房油炸间是否配备灭火毯？炒岗、炸岗员工是否经过人离火灭、如何防止油锅起火及如何使用灭火毯的培训？

② 消火栓箱内的配备是否齐全？应包含消火栓阀、水龙带、水枪。

③ 消火栓泵控制柜是否设置在自动状态？消火栓泵是否能正常运转？

④ 消防管道阀门是否都没有被错误关闭？阀门螺杆是否没有生锈腐蚀，转动良好，并上油保持润滑？

⑤ 非信号阀门是否都挂牌上锁？（信号阀门在关闭时，消防控制中心会收到报警信号的阀门。）

（2）灭火器是否完好正常？

① 是否每月对灭火器及消火栓进行检查？检查记录是否完好？

② 灭火器的压力指针是否在绿色区域，显示正常？

③ 灭火器瓶身是否没有锈蚀凹陷？喷嘴是否没有缺失？

④ 灭火器是否距出厂日期不超过5年？

2.1.5 仓储

（1）物品存放是否符合消防要求？

① 货物的存放是否低于自动喷淋喷头、灯管和冻库的蒸发器0.5米，没有堵塞风机口？

> **小提示**
>
> 货物整体水平面要低于喷头0.5米，所有货物都应处在喷头的保护范围内，而不是仅在某个喷头的正下方低于喷头0.5米，周边不足0.5米。

② 消火栓前方1.5米范围内是否没有物品阻挡？消火栓门是否能正常开启？

③ 手动报警按钮是否没有被物品遮挡和阻挡？

④ 防火卷帘两侧0.5米范围内是否没有堆放物品？如果防火卷帘门两侧0.5米范围内有货架、冻柜等固定的不可移动的物品，不影响防火卷帘下降，可不作为例外。

⑤ 从地面算起，商品存放高度是否小于3.5米？

(2) 是否没有擅自改变建筑用途？

① 办公室、培训室、楼面销售区、租赁区、停车场是否没有违规作为仓库使用？

② 商场天台、外围等是否没有私自搭建的违法建筑？

③ 楼面促销位的位置是否与消防蓝图所标注的一致？促销位的数量是否没有超过消防蓝图上的数量？

④ 租户的装修是否改变防火墙、防火卷帘等原有的消防设计？是否遮挡喷淋头、烟感、报警按钮等消防设施？

2.1.6 物品整理

(1) 物品整理是否干净整洁，无安全隐患？

① 所有的配电房、发电机房、风机房、充电区域是否保持干净、无易燃物质，且通道畅通？

② 商场内的可燃垃圾、纸皮是否及时清理，没有大量堆放，并远离火源？

③ 商场外的卡板、纸皮等杂物距离建筑物是否在6米以上？

④ 靠近建筑物的垃圾等可燃物品是否已被及时清理？

(2) 是否严格执行电气、煤气设备安全关闭检查程序？

① 是否生鲜、面食、餐厅及楼面电器等部门的电气、煤气设备进行安全关闭每日检查？

② 是否每日电气、煤气设备关闭后都有部门检查人、卖场当班管理人员在检查表上签字？可现场抽查3个部门，查看检查表的登记情况。

2.1.7 自动喷水灭火系统

(1) 自动喷水灭火系统消防用水是否正常？

① 消防水池是否有水？水量是否充足？

② 喷淋管道的水压是否正常？

(2) 自动喷水灭火系统功能是否正常？是否处于准工作状态？

是否每月进行如下功能性测试？测试记录是否完整？

① 报警阀组——试验放水和压力开关动作信号测试是否正常？

② 末端试水装置——试验末端放水和压力开关信号，测试水力警铃是否正常？

(3) 是否有其他影响自动喷水灭火系统功能性和有效性的例外？

① 喷淋头的玻璃管部分是否没有损坏或被油漆涂过？

② 喷淋头附近是否有影响喷水的障碍物？

2.1.8　火灾自动报警系统

（1）火灾自动报警系统的自动探测和报警火灾的功能是否正常？
是否定期进行如下功能性测试？测试记录是否完整？
① 每月烟感和温感功能测试。
② 每月手动报警按钮功能测试。
③ 每月火灾报警控制器和火灾报警显示盘的功能测试。
④ 每年年度联动功能测试。
（2）消防控制室监控是否正常？
① 消防控制室是否实行每日24小时专人值班制度，且每班不少于2人？
② 消防控制室值班员是否经过消防职业培训，持证上岗？值班记录是否完整且保存完好？
③ 随机按下卖场中的一个手动报警按钮，查看火警信号出现时，1分钟内是否有员工到火警现场确认？
（3）烟感或温感是否无缺失、无故障？是否安装正确？
① 卖场、仓库、办公室、厨房、面包房、配电室、发电机房等消防重点部位是否有烟感或温感探头，且功能完好？
② 烟感或温感探头有无破损，有无故障指示？探头是否被商品、货架、海报等遮挡？
（4）建筑消防系统的检测维护是否合规？
① 是否聘请有资质的消防检测公司每月对建筑消防设施进行单项检查，并出具检测报告？
② 是否聘请有资质的消防检测公司对建筑消防设施进行联动检查，年度联动检查记录是否在每年的12月30日之前报当地公安消防机构备案？
（5）火灾自动报警系统的以下部分是否正常？
查看消防维保公司近三个月的月度检查记录，确定消防报警按钮、警铃、消防控制屏、楼层指示器、气体灭火系统、消防报警主机功能是否正常？是否有未解决的例外？

2.1.9　电气安全

（1）临时用电是否安全？
① 临时电源接线板的电源线是否加阻燃穿线管或阻燃线槽保护固定敷设？

②是否每个接线板都在负载允许的条件下独立使用？是否有在接线板上再加插另一接线板？
③是否有只靠电源线来悬挂插座的情况？
④临时用电使用是否有超过21天？
⑤是否都经过工程信息部审批？
（2）配电箱和插电板是否安全？
①配电箱外1米范围内是否没有物品？
②配电箱盖是否被正确关闭以防止灰尘、鼠咬等危险？
③所有电源插座是否都处于良好状态，没有过载？
④制冷设备及加热设备旁的插座，是否没有水汽凝结，没有受到高温烘烤？
（3）照明灯具是否安全？
①后仓的照明灯具是否配备有防止灯管破裂掉下的灯罩？
②卖场白色日光灯是否没有明显的闪烁或变成橙色？

2.1.10 设备机械

（1）商场设备是否符合消防要求？
①设备的通风口是否没有被堵塞，以免产生过热？
②热加工设备，如电炉、烤炉、炒炉、沸水炉等，是否清洁干净？应没有油垢，远离易燃物，人员离开要确保设备关闭。
③鲜食加工间设备是否有专业公司进行每月一次的维护保养？
④清洁设备充电时，是否1米范围内无可燃物？
（2）供应商设备是否符合安全要求？
检查供应商在卖场内以电、气、油等为能源，功率在100瓦以上的所有的设备。
①是否有设备入场通知书？
②是否有设备合格证，及设备说明书或安全指南？
③是否有设备保养、维修和清洁计划？

2.1.11 危险物品

（1）使用燃气的商场（超市），燃气罐体和管道是否安全？
①液化石油气或其他燃气的罐体（如有）是否经过检验合格？是否在有效期内，无生锈、破损、腐蚀？
②燃气胶管是否不超过2米？是否没有破损和老化裂痕？是否至少每2年更换一次？

③燃气管道是否锈蚀？连接处是否牢固？是否定期检测管道，确保没有漏气？

（2）使用燃气的商场（超市），燃气报警系统是否正常？

①厨房、罐装燃气存放间是否有安装燃气泄漏报警系统？

②报警探头是否没有安装在门口、风机口附近（受流动空气影响），或被挡板等物品隔离，影响探测的灵敏度？

③燃气报警系统是否定期维保，功能正常？

（3）易燃气体、液体的储存是否安全？

①如果商场（超市）使用罐装液化石油气，其存放间是否用防火墙和防火门与其他区域相隔？

②发电机房储油间是否采用防火墙防火门与发电机间隔开？总储油量是否不大于8小时的需要量？

③是否易燃液体（油漆、天那水等）被放置在安全的防火柜中并上锁？防火柜应远离火源和其他易燃物。

2.1.12 限制火势蔓延

（1）防火门是否完好？

①防火门外观是否完好，没有生锈腐蚀破损，没有孔洞？常闭防火门是否保持关闭状态？关闭时是否没有明显缝隙，密闭效果良好？

②常开防火门的电磁开关是否与消防主机联动，有火灾信号时防火门能自动关闭？

③室内防火门是否安装有闭门器与顺位器，且功能完好，打开时能按顺序自动关闭？

> **小提示**
>
> 最外围直通室外安全区域的疏散用门起疏散作用，不起防火隔烟作用，可不安装顺位器。

（2）防火墙、防火卷帘是否完好？

①仓库是否用耐火极限不低于3小时的隔墙与营业、办公区分隔？仓库通向营业区的门是否为甲级防火门？

②厨房、明火加工区是否使用耐火极限不低于2小时的隔墙与其他区域相隔？隔墙上的门窗应为乙级防火门窗。

③防火墙和防火门上的孔洞，是否使用防火材料封堵？

④楼层间的竖井（如强电井、水管井的孔洞）是否已经封堵，防止火上下蔓延？

⑤防火卷帘是否没有损坏，能正常升降，并能正常联动？下降到地时，是否没有明显缝隙，密闭良好？

2.1.13 防排烟

（1）防排烟装置是否完好？

（2）排烟管道是否定期清洗？

（3）是否聘请有资质的公司至少每半年对熟食部、面包房、员工餐厅、厨房、租户厨房的排烟管道进行一次清洗？

（4）是否设立吸烟区？

①是否设立员工、供应商室外吸烟区？如吸烟区设在室内，应设有防火墙防火门相隔的独立房间，并有通风设施。

②卖场内，特别是洗手间隔间门后，是否有明显清晰的"禁止吸烟"标牌？

2.1.14 标牌和布告的检查

以下标牌是否清晰明确？

①消防安全疏散图，应位于主通道旁显眼处，显示所在位置及最近的逃生路线。

②安全出口门上方，应有"安全出口，请勿堵塞"标牌。

③安全出口门推杆锁上，应有"推压此杆，门开启并报警"标牌。

④消防设备名称与状态是否有标识，如消防阀门的名称或防火门上，应有"常闭"或是"常开"的标牌。

⑤熟食加工间厨房岗位墙上及门上是否张贴有"当心火灾"标牌。

2.2 卫生清洁

商场（超市）为顾客承诺的是舒适优雅的购物环境，因此，在营业前，商场（超市）就要做好卫生清洁工作，同时在营业中要保持卫生，营业结束后要及时清理。

2.2.1 外部环境卫生要求

卖场外部环境卫生要求如图2-1所示。

1. 拉布灯箱保持清洁、明亮,无裂缝、无破损。霓虹灯无坏损灯管
2. 幕墙内外玻璃每月清洗一次,保持光洁、明亮,无污渍、水迹
3. 旗杆、旗台应每天清洁,保持光洁无尘
4. 场外升挂的国旗、司旗每半个月清洗一次,每三个月更换一次,如有破损应立即更换
5. 场外挂旗、横幅、灯笼、促销车、遮阳伞等促销展示物品应保持整洁,完好无损

图2-1 卖场外部环境卫生要求

2.2.2 员工通道的卫生要求

员工通道的卫生要求如图2-2所示。

1. 管理人员应对需张贴的通知、公告等文件资料内容进行检查、登记,不符合要求的不予张贴
2. 员工应注意协助维护公告栏的整洁,不得拿取、损坏张贴的文件资料
3. 员工通道内的卡钟、卡座应挂放在指定位置,并保持卡座上的区域标识完好无损
4. 考勤卡应按区域划分放于指定位置,并注意保持整洁

图2-2 员工通道的卫生要求

2.2.3 就餐区的卫生要求

就餐区的卫生要求如图2-3所示。

1. 用餐后应将垃圾扔入垃圾桶
2. 茶渣等应倒在指定位置，不能倒入水池
3. 当班时间不得在就餐区休息、吃食物

图2-3　就餐区的卫生要求

2.2.4 洗手间环境卫生管理

洗手间环境卫生管理的要求如图2-4所示。

1. 所有清洁工序必须自上而下进行
2. 放水冲入一定量的清洁剂
3. 清除垃圾杂物，用清水洗净垃圾并用抹布擦干
4. 用除渍剂清洁地胶垫和下水道口，清除钢圈上的污垢和渍垢
5. 用清洁桶装上低浓度的碱性清洁剂彻底清洁地胶垫，不可在脸盆里洗。桶里用过的水可在清洁下一个卫生间前倒入其厕内
6. 在镜面上喷上玻璃清洁剂，并用抹布清洁
7. 用清水洗净水箱，并用专备的抹布擦干
8. 用中性清洁剂清洁坐便器水箱、坐便器盖子及外侧底座等
9. 用坐便器刷刷洗坐便器内部并用清水冲净，确保坐便器四周及上下清洁无污物
10. 清洁洗脸台下面的水管

图2-4　洗手间环境卫生管理的要求

2.2.5　专柜柜台卫生管理

专柜柜台卫生管理要求如图2-5所示。

- 专柜经营者不得过高铺张或摆放商品
- 爱护商场（超市）内的一切设施和设备，损坏者照价赔偿
- 不得随地吐痰、乱扔杂物等
- 各专柜的经营人员必须保持自己铺位或柜台所管辖区域卫生
- 经营人员不能在禁烟区内吸烟
- 晚上清场时将铺位内的垃圾放到通道上，以便于清理

图2-5　专柜柜台卫生管理要求

2.2.6　更衣室清洁卫生管理

更衣室清洁卫生管理的要求如图2-6所示。

1. 清洁地面：扫地、湿拖、擦抹墙脚、清洁卫生死角
2. 清洁员工洗手间
3. 清洁员工衣柜的柜顶、柜身
4. 室内卫生清洁：用抹布清洁窗台、消防栓（箱）及消防器材，打扫天花板，清洁空调出风口，清洁地脚线、装饰板、门、指示牌，打扫楼梯，拆洗窗帘布，清倒垃圾，做好交接班工作
5. 有拾获员工物品及时登记上交安全部并报告部门主管

图2-6　更衣室清洁卫生管理要求

2.2.7 操作区环境卫生管理

（1）操作区环境卫生标准。操作区环境卫生标准如表2-1所示。

表2-1 操作区环境卫生标准

项目		加工区环境卫生标准
建筑环境	地板	无垃圾、无积水、无油渍、无杂物
	墙面	无油污、无污垢、无灰网
	天花板	无油污、无灰网、无烟熏痕迹
	玻璃	明亮、无油污、无指印、无水痕
操作设施	排水设施	排水设施完善，水沟无积水、无堵塞、无杂物和污垢，地漏干净、畅通
	通风设施	通风设施完善，空气新鲜、温度适当，设备无油渍
操作水池	洗手池	无污垢、无杂物、无堵塞、无污水
	清洁器具水池	无污垢、无杂物、无堵塞、无污水
	食品专用水池	无污垢、无杂物、无堵塞、无污水

（2）操作区清洁方法。操作区清洁方法如表2-2所示。

表2-2 操作区清洁方法

序号	区域	清洁方法
1	地板墙面	（1）地板用解脂溶油剂清洗、过水、消毒、刮干净，每日清洁2次 （2）墙面、玻璃用洗洁剂清洗、过水、刮干净，每日清洗1次 （3）天花板用湿布清洁（或用清洁剂），每月1次
2	水沟通风设施	（1）水沟用解脂溶油剂清洗、消毒，随时清除杂物保持干净，每日消毒1次 （2）地漏要随时清除杂物保持干净，每日灌水消毒1次 （3）通风设施用解脂溶油剂清洗、消毒、过水，每周清洁2次
3	水池	（1）洗手池用清洁剂清洗、过水，随时清除杂物保持干净，每日清洗1次 （2）清洁器具水池用清洁剂清洗、过水，随时清除杂物保持干净，每日清洗2次 （3）食品专用水池用清洁剂清洗、过水、消毒，随时清除杂物保持干净，每日清洗2次

2.2.8 加工设备卫生清洁管理

（1）加工设备卫生要求。加工设备卫生要求如表2-3所示。

表2-3 加工设备卫生要求

项目		加工区环境卫生标准
用具类	刀具	无油渍、无残渣、无锈斑
	砧板	颜色洁白，无污水、无残渣、无霉斑
	专业用具	干净整洁，无油渍、无污点
容器类	食品容器	表面光亮，无污垢、无锈斑、无杂物
	消毒容器	干净，无污垢、无污水、无锈斑
	清洁容器	干净，无污垢、无残留污水、无油渍
	操作台	干净光亮，无污垢、无锈斑、无杂物
设施类	容器架子	干净，无污垢、无污水、无锈斑
	运输车辆	无油污、无垃圾、无污垢
设备类	一般设备	无灰尘、无污垢、无油污
	专业设备	无灰尘、无污垢、无油污、无化学油渍、无锈斑

（2）加工设备的清洁方法。加工设备清洁方法如表2-4所示。

表2-4 加工设备清洁方法

序号	类别	清洁方法
1	用具类	（1）刀具用洗洁剂清洗后，用清水冲洗，消毒后要放回刀架，刀具随时保持清洁 （2）砧板用清水或洗洁剂清洗，每日工作结束时用漂白水漂白，砧板要随时保持干净
2	容器类	（1）消毒容器类，消毒溶液要按规定的时间更换并保持干净，桶表面污垢用洗洁剂清洗后，用清水冲洗 （2）清洁容器的清洁方法同消毒容器类
3	设施类	（1）用规定的化学用剂清洗干净，用清水冲洗，并用抹布抹干水渍 （2）台面、设施每日至少清洗3次，运输车辆每日至少清洗1次
4	设备类	（1）清洁专用加工设备，用沸水加化学用剂每日冲洗3次，以免碎肉、菜屑等残留腐烂而衍生细菌、污染食品，按其使用说明书中的方法清洗 （2）普通常用的设备每日清洗1次 （3）设备的清洗必须注意电源、插座、电线的安全，必要的设备要进行消毒处理

2.2.9 加工区域卫生管理

（1）果蔬加工间卫生管理。果蔬加工间卫生管理要求如表2-5所示。

表2-5 果蔬加工间卫生管理要求

序号	类别	卫生要求
1	计价台	（1）电子秤干净，无污泥、灰尘、标签等 （2）计价台干净，无废纸、泥土、灰尘及相关的笔记本、杂物等 （3）无蔬菜、水果等商品的散货
2	果蔬加工区域	（1）温度、湿度符合要求 （2）所有商品均有序分类存放，无商品直接接触地面 （3）排水设施通畅，地面无积水 （4）地面无垃圾、杂物、烂叶、烂果和污泥 （5）操作台干净整齐，各种设备符合清洁卫生、安全用电的要求 （6）包装耗材整齐存放，无污染

（2）肉类加工间卫生管理。肉类加工间卫生管理要求如图2-6所示。

表2-6 肉类加工间卫生管理要求

序号	类别	卫生要求
1	肉类加工区域	（1）肉类加工间的温度、湿度、通风状况必须符合要求 （2）加工间的不同种类肉加工区域明确，猪肉、牛肉、羊肉、禽类必须分开，包括操作台、包装耗材、碎肉、垃圾、血污等 （3）地板、墙壁、天花板、玻璃、设备、用具、容器必须清洁、消毒、除臭
2	肉类加工作业	（1）各种肉类的加工、存放彻底分开，不能混合使用 （2）处理不同肉类时，操作人员双手必须消毒、清洗 （3）机器加工不同种类的肉类时，转换加工种类时必须经过清洁消毒程序 （4）人员卫生达标，不污染食品

（3）鱼池卫生管理。鱼池卫生管理要求如表2-7所示。

表2-7 鱼池卫生管理要求

序号	类别	卫生要求
1	鱼池	（1）鱼池每日至少清洁1次 （2）鱼池清洁要将各种杂物、鱼鳞等清除干净，用温水清洁数次，不能用化学用剂 （3）鱼池在营业期间，滤石、海绵清洗两次，保证水质干净
2	冰台	（1）营业结束后，冰台的冰必须全部清除 （2）将冰台中的冰水全部排干，并用洗洁剂清洗干净，再过一遍清水 （3）冰台上重新铺满新鲜的冰

下面提供一份××超市营业现场环境卫生清洁、检查细则的范本,仅供参考。

【范本】

超市营业现场环境卫生清洁、检查细则

一、目的

统一各级人员对环境卫生重要性的认识,营造良好的购物环境,以此提升商场的形象并推动销售的增长,提高顾客满意度。

二、适用范围

适用于商场的外部和内部环境,包括墙体、门外广场、商场各大门、橱窗、地面、天花板、窗户、商品、人员、设备、设施、用具、工具以及影响环境舒适性的色彩、照明、声音、气味等。

三、目标

(1)管理人员具有保洁意识,能够发现目前环境卫生存在的问题。

(2)营业员养成良好的卫生习惯,随时清洁周围环境。

(3)档口工作人员仪容仪表整洁,操作卫生规范。

(4)清洁工保证地面干净整洁,墙壁及有关设施、设备无污迹,空气清新。

(5)最终达到公司每位员工均具有保洁意识:见到商场内的垃圾随时捡起放回垃圾筒;对顾客遗留的杂物,及时清理;对掉落的商品立即捡起放回原位;遇到个人无法清洁的污迹,立即通知清洁工进行清理。

四、现场环境清洁操作规范及检查标准

序号	清洁项目	操作规范	清洁标准和检验方法
1	柜台地面卫生(包括死角、试衣间、摆放模特位置)	1.营业前、营业后先用扫帚清除垃圾、灰尘,再用清水拖地或用毛巾擦拭,拖把和毛巾不宜过湿 2.营业期间地面有灰尘、纸屑、线头等应及时清扫,地面有水渍需及时拖干净 3.地面有胶黏物需用铲刀清除,如遇到个人无法清洁的污渍,应及时通知清洁工处理 4.超市货架底地面需用扫帚清除垃圾、灰尘	目视无垃圾、灰尘、污迹,保持干爽、光亮、洁净、地面无水迹

续表

序号	清洁项目	操作规范	清洁标准和检验方法
2	柜台、货架、收银台、开票台、存包台、服务台	1. 玻璃柜台每天营业前用玻璃水擦一遍，日常发现脏污、手印等立即用抹布擦净 2. 每天营业前货架（包括每层板面、侧面）用半干毛巾擦一遍；营业中发现脏污立即用抹布擦净 3. 每天营业前收银台、存包台、服务台、开票台用湿毛巾擦一遍，再擦干，营业期间台面有污迹应及时用毛巾擦拭。随时清理台面杂物，开票台面所放用具摆放整齐并不超过三件 4. 超市堆头垫板用湿毛巾擦拭 5. 顽固污迹应用去污粉或洗洁精清理	手摸无灰尘，目视无污垢，保持光亮洁净；物品摆放整齐，不杂乱
3	模特架	每天早上用湿毛巾擦一遍，再擦干；营业中发现脏污立即用抹布擦净	手摸无灰尘，目视无污垢，保持光亮洁净
4	试衣间的门、镜子、墙面、试鞋凳	1. 镜面每天营业前用玻璃水擦一遍，日常发现脏污、手印立即用抹布擦净 2. 门面、墙面每天早上用湿毛巾擦拭，再擦干	手摸无灰尘，目视无积垢，镜面无灰、无印迹，保持光亮洁净
5	促销车、POP（购物点）架、柜台摆放的奖牌	每天早上用半干毛巾擦一遍，顽固污渍应用去污粉或洗洁精清理	目视干净，无粘物，手摸无灰尘
6	各楼层办公室（包括广播室、保卫室、电工班、理货区、验货区）	1. 每天早上用毛巾将办公台面、柜面及用具（包括设备）擦拭干净 2. 每天营业前清扫地面卫生，再用半湿拖把拖地，营业时发现垃圾随时清扫，每晚下班清倒垃圾 3. 办公桌面保持整洁，办公用具、文件归类摆放整齐 4. 办公室门（包括卷闸门）、玻璃窗户至少半个月擦拭一次，玻璃用玻璃水擦拭，顽固污渍应用去污粉或洗洁精清理	目视干净、整洁，手摸无灰尘，地面保持干爽清洁（无纸屑、垃圾等杂物）

续表

序号	清洁项目	操作规范	清洁标准和检验方法
7	周转仓	1. 每周至少一次用扫帚彻底清除地面、货架上的垃圾、灰尘，日常发现有垃圾、灰尘应及时清扫 2. 每天做好货架整理，商品分类摆放，整齐有序，保持商品清洁卫生 3. 天花板、风口每月用鸡毛掸去灰尘；如有印迹，要用湿毛巾擦干净 4. 周转仓门（包括卷闸门）、玻璃窗户至少一个月擦拭一次，玻璃用玻璃水擦拭，顽固污渍应用去污粉或洗洁精清理 5. 防爆灯每月用干抹布擦拭一次，必须断电操作，确保安全，必要时请电工协助	目视干净整洁，无垃圾，无灰尘，无蜘蛛网；商品分类清楚、干净；地面干净清洁（无纸屑、垃圾等杂物）
8	商场公共区域	1. 若发现顾客吸烟时，应及时、礼貌地制止 2. 见到商场内的垃圾应随时捡起丢入垃圾桶；对顾客遗留的杂物，应及时清理 3. 商场各类证照、奖牌应根据美工人员指定的位置悬挂、摆放，如有污损、残旧，应及时清洁、翻新 4. 不得随意在墙面乱划、张贴或钉钉子 5. 商场内所有通道应保持畅通，不允许堆积任何物品 6. 综合分部服务台每天每班检查卫生次数不少于3次，发现不符合要求的及时指正	目视无垃圾、灰尘、污迹，保持光亮、洁净、畅通
9	员工就餐区	1. 用餐后应自觉将垃圾扔入垃圾桶 2. 茶渣等应倒在指定位置，禁止倒入下水道 3. 不允许用本超市购物袋或本超市宣传单（册）垫坐	目视无垃圾、污迹、杂物

续表

序号	清洁项目	操作规范	清洁标准和检验方法
10	卖场内商品及标识	1. 营业前和营业后商品要全面各整理一次，使商品摆放整齐；营业期间，发现商品摆放凌乱应及时整理 2. 营业前及上货时仔细检查商品外表，对于可擦拭商品，发现污渍、灰尘立即用半干毛巾擦干净；对于服装类商品用掸子掸干净，模特所着服装，发现灰尘可用衣扫清洁，保持整洁、美观 3. 平时保持商品标价签、标价签卡座、卡条的清洁整齐，发现卷边、残旧、破损应立即更换	目视无灰尘，标识无卷边、无破损、无残旧
11	柜台内设备	1. 相关设备（含主机、显示器、键盘、打印机、传真机等）每天用半干毛巾擦拭，顽固污渍用去污粉清理 2. 电源线每周用半干毛巾擦拭，并绑扎整齐	目视无灰尘，无粘物
12	柜台内的公共设施	消防设施等，营业员应每天清洁，不便清洁处可找清洁工协助，注意保护柜台内商品	目视干净，无积垢
13	购物篮、购物车	购物篮、购物车内的杂物随时清理，购物车每周清洁一次，购物篮每天清洁一次	目视干净，无积垢；购物车车轮干净、无粘物
14	柜台清洁用具、用品	1. 清洁用具使用完后及时清理干净 2. 清洁用具、用品存放于指定工具箱（房），不允许裸露放置于柜台内	无清洁用具（品）明显置于现场

注："死角"指责任方界定不清，易被忽视而久未清理的区域。

五、检查范围

墙面、地面、门、大门口、外广场、外广场设备设施、橱窗、洗手间、垃圾桶、休息椅、意见箱；不锈钢包边、护栏、柱子、镜面、玻璃、铝板、木质设备、手扶梯、观光梯、步行梯；卷闸门、消防栓、灭火器、配电盘、公用电话、金融联取款机、银行标识牌、手机电池充电器、e城便利站；地毯、灯饰、花盆、空调门、天花板、风口、喇叭口；员工就餐区、更衣室、办公室、会议室、培训室；海鲜档口、鲜肉档口、蔬菜档口、下水道、熟食、生鲜档口；柜台地面卫生、货架卫生、商品卫生、员工个人卫生；柜台背板、踢脚线、专柜设备、收银台、收银机、桌面及周围隔板、开票台、存包台、服务台；模特架、模特脚垫板、试衣间的门和墙面及地面、堆头垫板、床脚垫板、镜子、墙面、试鞋凳、促销车、POP架、柜台摆放奖牌；各楼层办公室、广播室、保卫室、电工班、理货区、发货区、周转仓。

六、检查要求及考核细则

要求管理人员在日常检查中细致严格、挑剔苛刻，杜绝跟进不彻底、对一些脏乱的情况视而不见、死角多、遗留问题难封闭的现象，直至养成人人爱清洁、全员保洁的良好卫生习惯。

（1）由各商场综合分部经理、服务台人员及被检查分部的管理人员组成检查小组进行检查。各商场主管环境卫生的商场总经理每月至少参加1次。

（2）检查方法可用巡场覆盖或抽取检查两种方式进行，即按分部巡场覆盖或按分部抽取5~10个柜台的方式进行检查，注意各分部抽取柜台的总面积需大致相当。对超市的检查是分区域抽查货架（包括干货架、果蔬架、冷冻柜等）或专柜，保证每一区域抽查范围大致相等。

（3）不合格项的界定：1个纸屑、1个粘物、1处污渍各属1例；线头、头发、绒毛球、絮状物等其他碎屑3个属1例；一个专柜功能相同部位（如开票台）相同问题属1例，不同问题各属1例；功能不同部位存在的问题各属1例；超市货架（含端架）1.2米长度相同问题属1例，不同问题各属1例；电脑配件、打印机、传真机相同问题属1例，不同问题各属1例。

（4）严重不合格项的界定：死角、痰渍、蜘蛛网、大面积污迹、大片垃圾、大片胶印。

（5）每周一早9:00前或晚10:00以后，各分部统一卫生大扫除（特殊情况时，商场也可自行安排大扫除时间），周二至周日检查小组定期或随机安排时间统一进行检查并验证效果，采用目视、手摸、拿纸巾擦拭的检查方法，将不合格项列出以邮件形式将各分部存在问题进行反馈，下周抽查分部问题封闭情况。

（6）每次检查结果各分部根据情节参照作业指导书进行扣分处罚。

（7）每季末28日前各商场将三个月内各分部不合格项以商场为单位累计排名，超市楼层按"不合格项累计×60%"计算排名，两个楼层的分部按"不合格项累计×50%"计算排名，收银部、防损部、综合部不参加排名；不合格项统计将作为核对商场质量目标完成情况——环境卫生项的依据。

（8）检查人员需严格按照文件要求及以上检查范围认真检查。

2.3 货品陈列

商品陈列主要就是指商场（超市）果蔬、肉品、水产品以及日配品的展示排列，其对于商场（超市）的销售有着一定的影响。

2.3.1 检查货架

卖场理货员要检查货架上过夜的商品，清点商品数量，检查商品是否有异常或移动现象；应了解货架商品空位情况，确定需要上架的商品数量和品种。

2.3.2 商品上架

卖场理货员应准确无误地核对货架上的缺货商品，并从仓库领货后及时上架商品。上架商品的要求如图2-7所示。

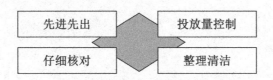

图2-7　商品上架的要求

（1）先进先出。先进先出就是将先前陈列的商品从货架上取下，陈列架清洁干净后，将补充的新商品上架，再将先前货架上的商品上架，以便保持货物的定期流动更新。

（2）仔细核对。商品上架前，需要做好各项核对工作，主要包括图2-8所示的三项。

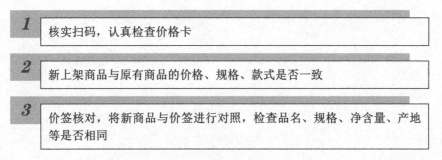

图2-8　商品上架前的核对工作

> **小提示**
>
> 理货员在核对商品中,要注意观察商品是否有破损、过期、变质等异常情况,如果发现一定要及时将其从货物中挑选出来。

(3)投放量控制。投放量控制主要是针对冷冻食品和生鲜食品的补充上架,营业前要将全部品种陈列到位,一般控制在全天销售量的40%。

(4)整理清洁。理货员在上架时,不仅仅是将商品领来之后摆放好,还要时刻注意用抹布将货架上的商品清洁干净。

第3章
卖场营业中服务

 导言 ▶▶▶

卖场营业中服务是指卖场中的售货员在与顾客交易的过程中，为顾客提供的各种服务，包括接待顾客、介绍商品、展示商品、办理成交、包装商品等服务。

3.1 接待顾客

卖场里每天都会有顾客进进出出,他们有的带着目的,有的只是随便看看,对于这些潜在顾客,需要售货员及时做好接待,通过和他们沟通,进而了解他们的需要,最终达成销售。

3.1.1 招呼顾客

无论对哪种类型的顾客,打招呼都是售货员开展销售工作的第一个步骤,也是迎接顾客中最关键的步骤。售货员的招呼可以在短时间内缩短和顾客之间的距离,在顾客心里树立起一个良好的印象。

售货员在与顾客打招呼时,要把握图3-1所示的要点。

图3-1 打招呼要点

(1)称呼恰当。根据顾客的年龄、性别、职业和身份特征等给予顾客不同的称呼,能够使顾客觉得更加亲切。

比如,对于老年人,可称呼其"大爷""爷爷""奶奶",若对方文化层次较高,则可称呼其"老先生""老夫人"等。对于中年人可称呼其"先生""太太"等。对于年轻人可称呼其"先生""女士"等。若是小孩则可称呼其"小弟弟(妹妹)""小朋友""小同学"等。

(2)时机刚好。当顾客把脚步放慢或停下脚步,调整视线认知卖场的情况,或是环顾四周观察卖场内的布置时,售货员就可以上前与顾客打招呼。

> **小提示**
>
> 顾客刚进来时,售货员如果急于上前打招呼,会令顾客感觉自己被打扰了,因此售货员要学会在顾客进门一会儿后再打招呼。

（3）距离适中。顾客进门后，售货员要注意把握好与顾客的距离，这个距离最好保持在1.5～3米之间，不远也不近。这样既可以让顾客看见售货员的存在，又不会给顾客太大的压力。

（4）接触眼神。售货员在与顾客进行眼神接触时，应注意图3-2所示的几点。

1	直视顾客让顾客知道售货员已关注到他的到来，让顾客有受尊重的感觉
2	直视顾客不是指直愣愣地盯着顾客看，而是稍稍与顾客的眼睛接触即可
3	售货员的视线最好位于顾客眼睛与鼻子之间的位置，千万不要用眼睛上下打量顾客，那只会让顾客反感

图3-2　与顾客进行眼神接触时的注意要点

（5）微笑、点头。在与顾客打招呼时要保持微笑，说话时要稍稍地点头。

（6）语气温和、亲切。无论顾客的消费档次、态度如何，售货员都应该一视同仁，在打招呼时要保持温和亲切的语气。不过，不同的顾客，其温和、亲切的语气也应有所侧重。具体要求如图3-3所示。

1	当走进柜台的是一个年轻人时，售货员的神态可以表现活泼、热情
2	如果是异性顾客，售货员招呼时的态度就要显得庄重大方，让对方感觉既自然又不轻浮
3	对于老年顾客，售货员的态度就要亲切

图3-3　打招呼保持温和亲切的具体要求

3.1.2　观察顾客

售货员在接待顾客的过程中，要学会察言观色，留意顾客的衣着谈吐和行为举止，并对顾客进行分析判断，但是在观察过程中，要注意图3-4所示的两个问题。

控制好距离	自然大方
每个人都会设定一个安全的距离以保障自身的安全。安全距离之内的位置只留给特别亲近的人,如亲人和朋友。如果其他人未经许可随便进入这个范围,就可能使人产生警诫和防备心理	观察顾客是为了了解顾客,进而更好地为顾客提供服务。售货员在观察顾客时应该自然大方、表情轻松,不要扭扭捏捏或紧张不安;也不能表现得太过分,从而让顾客感觉到像是在受监视

图3-4 观察顾客时注意问题

小提示

售货员在观察顾客时,一定要注意保持安全距离。最佳的观察顾客的距离是1米以外、3米以内。这样既可以避免顾客产生防备心理,也方便售货员及时反应,为顾客提供服务。

 相关链接

学会察言观色,助你读懂对方心理

言辞能透露一个人的品格,表情眼神能让我们窥测他人内心,衣着、坐姿、手势也会在毫无知觉之中"出卖"它们的主人。言谈能告诉你一个人的地位、性格、品质甚至内心情绪。因此学会察言观色是琢磨谈话对象心理的重要方法,会让谈话更加顺利。

特别是与不熟悉的人交流时,我们更需要仔细倾听对方的谈话内容和表情变化,来准确判断对方的心理,说出对方想听的话,满足他的心理需求,这样交流就容易顺利进行。那么,应该怎么观察对方言行,读懂谈话对象的心理呢?

1. 厌烦类

当我们在交谈中,对方表现出叹气、伸懒腰、打呵欠、东张西望、看时间、表情无奈等动作或表情时,你就应该注意了,因为对方已经对你的谈话表现出厌烦。这时你该做的是转移话题,谈论对方感兴趣的事物。

2. 兴奋类

当我们说到某件事或某种东西时，对方表现出瞳孔放大、目不转睛地看着你，说明对方对你所说的事物具有较大的兴趣，此时，你可以继续谈论这个话题，从而给予对方好感。

3. 不屑类

对方说话，或者你说话时，对方都不正眼看你，总是偷朝一边，眼睛斜视，头抬得老高，以显示你和他的距离，这些表现则体现出他对你说的话充满不屑。此时，你可以把位置调换，让他来说类似的事情，看看他的不屑到底从何而来。

4. 自豪骄傲类

一般对方说到自己得意的事情，声音会自然放大，越说越兴奋，手脚的动作幅度会变大，完全投入到其中。因为他曾经可能某类事情做得特别出色，而对于这类事情你只需要适当赞美一下，就能大大得到对方的好感。

5. 僵硬类

当你所说内容让他脸上肌肉麻木、面无表情，这往往是充满憎恶与敌意的表现。这时一定要回想一下自己所说的内容，如果找出原因，应该立即道歉，如果没有，则马上换个话题。

6. 欺骗类

当你问对方问题时，对方变现出急促不安、手脚乱动、抹鼻子、瞳孔放大，眼神漂浮、不敢直视，那么对方一定有什么事情隐瞒你，这个可以慢慢地跟他交流、谈心，从中了解缘由。

3.1.3 接近顾客

在销售实践中，成功地接近顾客不一定带来成功的交易，但成功的交易是以成功地接近顾客为先决条件的。

什么是接近？接近就是售货员向顾客打招呼表示欢迎，或是询问顾客需要何种商品或服务。每一次销售都有一个起点，这个起点就是接近顾客。当顾客进店后，通过一系列的观察，边和顾客寒暄，边接近顾客，是销售工作重要的一环。作为售货员，一定要紧紧抓住这一环，否则，到手的生意也会失去。

（1）接近顾客的时机。通常情况下，当顾客表现出图3-5所示的几种情况时，就是售货员接近顾客的最佳时机。

顾客认真观看商品时	当顾客一走进来,就朝着某件商品走去的时候,表明这位顾客对该产品已经有了一定的认识,其在心里可能早已经对该产品产生了兴趣,甚至已经有了购买的决定。售货员可从顾客的正面或旁边(也就是顾客能够看得见的地方),用夸奖商品的语气去招呼顾客
顾客寻找商品时	顾客进店后,东张西望,眼睛不停地搜寻着什么时,表明顾客已有了购买产品的想法,但是不知道具体的商品放在哪里。此时,接近顾客越快越好,这样替顾客省去很多寻找的时间和精力,顾客也会因此而感到愉快
顾客接触商品时	当顾客用手触摸商品,翻找价格牌、标签时,表示顾客不再满足眼睛的观察,而希望能通过触摸,对商品有更深的认识。此时是接近顾客的好时机,但应注意切忌在顾客刚刚抚摸商品时就与之接触,这样容易引起顾客的猜疑;而是要稍微等一下,使顾客对商品的了解更深入一些,然后视其注意、抚摸商品的种类,加上一些简单的说明,以吸引其购买欲望
顾客与售货员对视时	当顾客主动寻找售货员,并毫不回避与售货员目光接触时,表示该顾客希望从售货员处得到帮助。此时,售货员应向顾客点头致意或微笑,并致以问候语,进行初步的接触,这样可以表现售货员的礼貌与热情,给顾客留下好的印象

图3-5　接近顾客的时机

(2)接近顾客注意事项。如何接近顾客也是有学问的,售货员应注意图3-6所示的几点。

 售货员在接近顾客时,必须从前方走近顾客。这样可以让顾客从视线中看到售货员而不至于产生不安

 走过去时动作轻柔、缓慢,但是也不要悄无声息地走近顾客并突然出现在顾客面前,这样只会惊吓到顾客。只要像平时走路那样,自然地接近顾客就行了

3. 与顾客的距离要适度。研究显示，人只有在和父母、兄弟、夫妻、小孩或极亲密的朋友在一起时，才愿意保持近距离而不会感到不安。所以，售货员在面对顾客时不要和他太过贴近，否则会令他不舒服。一般以1～1.5米较为适宜，最低不能少于45厘米

4. 售货员在接近顾客后，要立刻面带微笑开口与顾客说话。千万不要走到顾客旁边一言不发，这样顾客可能以为售货员在监视他，会因此而不满

5. 在开口与顾客谈话时，售货员必须不时地与顾客有目光接触，但不能一直死死紧盯着顾客看，这样会让他产生不安和压力

图3-6 接近顾客注意事项

3.1.4 探询顾客

如果不知道顾客要什么，就不可能满足其需求，那么，如何从顾客口里探询出顾客的需求呢？首先，售货员要先观察顾客的特点，然后因人而异地把问题做一番包装，用顾客易于接受的方式提出。过程虽然相同，但是"会说话"和"不会说话"的结果是大不一样的。

（1）学会问问题。如果售货员善于提问的话，就可以使顾客在不知不觉中透露出很多信息。

尽管顾客没有直接告诉售货员他的需求，但是通过正确地提问售货员就可以掌握或部分掌握顾客的想法。

陈奶奶去市场上买东西。她走到第一个小贩跟前，小贩主动招呼："大娘，要不要买李子啊？我的李子全部又大又甜。"陈奶奶听了，没有回答他，径直走开了。她来到第二个小贩面前，问："李子怎么卖？"小贩说："我这儿有两种李子，一种又大又甜，另一种酸酸的。请问您要哪一种？"陈奶奶说："那给我来一斤酸的吧。"陈奶奶买了一斤酸的李子。当她经过第三个小贩跟前的时候，第三个小贩问："老奶奶，来买李子啊？"陈奶奶回答说："是啊，我来买酸李子。"小贩就问："别人都喜欢买甜的李子,而您为什么要买酸李子呢？"陈奶奶说："我儿媳妇怀孕了，特别想吃酸的东西。"小贩笑着说："您真是用心啊，有您这样的婆婆，您儿媳妇可真有福气。猕猴桃营养丰富，味道酸酸的，比较适合孕妇吃，不如买一斤回去给儿媳妇尝尝啊。"陈奶奶听了很高兴，就买了一斤猕猴桃。小贩接着说："我这儿也有酸李子，今后您可以长期到我这儿来买，我给您便宜的价格。"陈奶奶听了连连点头，乐呵呵地走了。

商场超市卖场服务与生鲜管理

由此可见，第三个小贩是通过问问题来了解顾客——陈奶奶的需求。问问题是了解顾客需求的重要方式之一。一般来说，问问题可用两种方式：一种是开放式；另一种是封闭式。

开放式问题询问内容通常包括为"5W1H"，也就是what（什么事）、when（什么时候）、where（什么地方）、who（谁）、why（为什么）和how（怎么办）。开放式提问可达成图3-7所示的效果。

1	让售货员获得大量信息，和顾客建立良好的人际关系
2	易于使顾客解除防卫心理，让顾客感到自己受到重视和尊敬
3	让顾客有自由表述个人观点和情绪的空间，觉得自己引导了讨论的主题

图3-7　开放式提问达成的效果

封闭式问题就是答案很简单或很短的问题，其答案通常是"是"或"否"，或者是在问题限定的范围内作答。封闭式问题是把需求确定到某一点上和确认、澄清事实的最佳途径。当售货员需要获得具体或是特定的信息，或者需要控制讨论问题的方向时一般就可以使用这种问题。它是弄清问题和确认事实的最佳方法。

一个顾客在超市的食品架前逛了一会，在奶粉架前停了下来。售货员走过来问："您是给自己还是给别人买奶粉呢？""不是我，我想给父母买点东西。"售货员高兴地说："那奶粉可是很适合老年人的食物哦！您父母的年纪挺大了吧？""是啊，有些岁数了。""那么，高钙奶粉很适合老年人的，人随着年龄的增大钙质流失是很严重的，您知道吧？"顾客连连点头。"您父母有没有高血脂？""我父亲有点。"售货员说："正好这里有一种新到的低脂高钙老年人奶粉，很好销的，您不妨买两袋送给父母。"顾客迟疑了一下，说："既然这么好，那我就多买点，买四袋吧。"

表3-1是封闭式问题和开放式问题各自的特点，售货员在日常工作中可选择运用。

表3-1　封闭式问题和开放式问题的特点

项目	封闭式问题	开放式问题
技巧	用"是……还是……"的选择式问题来提问	用"什么事""什么时候""什么地方""谁""为什么"和"怎么办"等问句对顾客提问

续表

项目	封闭式问题	开放式问题
实例	（1）请问，我可以提几个问题吗 （2）您需要皮质还是木料的沙发呢 （3）您要充满现代气息的家具还是古香古色的家具呢 （4）您想要白色的还是其他颜色呢 （5）您的预算是多少呢	（1）您对产品的外形有什么要求呢 （2）您为什么一直喜欢用我们的产品呢 （3）您试用了产品，感觉怎么样 （4）您一般会在什么时候用我们的产品
优点	（1）更快地获得自己需要的信息 （2）确认顾客的态度和看法	让顾客在交谈中发挥高见，从而达到畅所欲言的效果
缺点	（1）问题延续性差 （2）只能获得简单的信息	（1）可能会使顾客不知从何谈起 （2）谈话失去控制

> **小提示**
>
> 一般来说，在和顾客初次见面时，顾客未必愿意敞开心怀回答开放式的问题而大谈自己的心得和看法，但提封闭式的问题顾客会更容易也更乐于回答。在和顾客比较熟悉之后，就不妨多问他们一些开放式的问题，这时候才会得到顾客真实而详细的回答。

（2）了解顾客意图。只有了解了顾客的意图，才可以有针对性地为顾客服务，而不会适得其反，让顾客反感。售货员可以通过图3-8所示的情形来了解顾客的意图，并巧妙应对。

　指名要购买某种商品，这类顾客是为了买某种商品有目的而来的。售货员应迅速地接待他们，并应尽快地把商品包装好送给顾客

　顾客对这个商店抱怀疑态度，不知这个商店究竟如何，他一边观看橱窗一边犹犹豫豫地走进货场。对于这类顾客，售货员不必急于打招呼，等待适当时机再说

　进店没有购买的意思，看看有什么合适的再说。这类顾客看到中意的商品后眼神就变了，这时候售货员就要主动打招呼

图3-8

| 连带购买的顾客 | ☞ | 顾客急于想连带购买其他商品，因此售货员应注视着顾客或跟随顾客以促使其连带购买 |

| 希望和售货员商量后购买的顾客 | ☞ | 顾客进商店后各处看，好像要找售货员打听什么似的。这时售货员要主动打招呼，并说："您来了，您想买点什么？" |

| 想自己挑选的顾客 | ☞ | 有的顾客自己愿意专心一意地挑选商品，不愿让别人招呼自己挑选商品。对于这样的顾客，售货员注视着顾客就行了 |

| 下不了决心的顾客 | ☞ | 有的顾客踌躇不决，下不了购买的决心。他们感到"买嘛，也可以"，但心里又想"也许以后会赶上更好一些的商品呢"。对这样的顾客，售货员应该积极地从旁建议，推荐商品 |

图3-8 了解顾客意图的具体情形及应对技巧

（3）找到顾客真正所需。并不是所有的顾客都有明确的目标，有时售货员也许要反复地询问，才能发现或是让顾客自己发现到底想买的是什么。所以，在探询顾客的需求时耐心是非常重要的。售货员在向顾客提问时要记住：用循序渐进的问话方式可以引导顾客发现他们的需求。在问话的过程中，售货员也能和顾客逐渐建立信任关系。

售货员：您喜欢什么样颜色的呢？

顾客：我也说不清楚。

售货员：这款服装有米色、有浅粉色、有淡黄色，也有纯白色，您比较喜欢哪一种颜色呢？

顾客：我好像比较喜欢浅一点的颜色。

售货员：那您可以告诉我您准备在什么场合穿吗？

顾客：我想在上班的时候穿。

售货员：如果您想在上班时感觉自己有活力又不失女性的温柔，我建议穿浅粉色和淡黄色；如果您想让自己显得庄重一点、有权威感一点，米色和白色比较适合。当然，这还要根据您的肤色来定。您愿意我帮您做一个肤色测试吗？

顾客：那太好了，要另外付钱吗？

售货员：不用。我很乐意帮助您找到最适合您的颜色。（售货员为顾客做了肤色测试……）好了，您看，您的肤色属于秋天系列，那么淡黄色和米色是最适合您的，当然还有其他秋天系列的颜色都会很适合您。那么您会选择什么颜色呢？

顾客：哦，那我试试淡黄色的吧。

售货员：好的，我帮您拿一件适合您的，试衣间在那边，我带您去……

由此可见，只要售货员耐心地循序渐进地再多问几个问题，就能找到顾客的真正所需，从而更好地为顾客服务，让顾客满意。

3.2 介绍商品

在全面了解了顾客的需求后，如何让自己所掌握的商品知识灵活运用，以使商品的魅力发挥得淋漓尽致、让顾客忍不住想买呢？那就得针对顾客的需要做好商品的介绍。

售货员在向顾客介绍商品时，要掌握图3-9所示的要领。

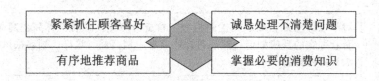

图3-9 商品介绍要领

3.2.1 紧紧抓住顾客喜好

售货员在介绍商品前，必须先捕捉顾客的购买需求，而且还得注意利益是相对的。正如一位哲学家所说："吾之美食，汝之鸩毒。"

一个小贩在卖辣椒，一个主妇走过来问他的辣椒辣不辣，他就说辣，那个主妇听到了，转身就走了。丢掉了一笔生意，小贩觉得很不开心。这时，一个老婆婆走过来问他辣椒辣不辣，小贩心想刚才我说实话顾客就没有买，这回我可不能这么老实了，于是他说不辣。可是这个老婆婆听完了，又转头走掉了。小贩看着这个老婆婆的背影，心里感到很奇怪，为什么会没有人买自己的辣椒呢？

这两个顾客为什么都走掉了？第一个顾客想买的是不辣的辣椒，但小贩一厢情愿地认为买辣椒的顾客都是喜欢辣的，所以强调了辣椒"辣"，把顾客"辣跑了"。第二个顾客原来是想买辣的辣椒，但小贩根据前一个经验，以此推断她也是不喜欢辣的，所以又说错了话。

小提示

售货员介绍商品时,不能根据自己的喜好设定好的一套模式进行。通常顾客的关注点或者喜好与你所极力推介的卖点并不一致,这样不但不能获取顾客的同感,反而会让顾客觉得厌烦,购买兴趣自然也就会大大降低。

3.2.2 有序地推荐商品

对于一些没有明确购买目标的顾客,通常需要售货员向他们推荐商品。而各个柜台由于经营重点不同,让顾客先看什么、先挑什么也是不一样的,应把握图3-10所示的技巧。

1. 对于以经营高档商品为主的柜台,售货员应先向顾客推荐高档商品,看看顾客的反应如何,然后再让顾客看中档商品。这样,顾客很可能购买高档商品

2. 对于以经营中档商品为主的柜台,售货员应先向顾客推荐中档商品,然后根据顾客的反应再去看高档商品或低档商品,这样顾客就多半可能购买中档商品

3. 对于以经营低档商品为主的柜台,售货员应从低档商品介绍起,以便于顾客比较,同时也要让顾客看看中档商品,这样顾客经过比较很可能购买低档商品

图3-10 有序地推荐商品的技巧

3.2.3 诚恳处理不清楚问题

作为售货员,在遇到自己不明白或不清楚的问题时,最好按图3-11所示的方式处理。

3.2.4 掌握必要的消费知识

这里的消费知识主要包括顾客的消费心理、风俗习惯及顾客方言。

首先向顾客表示歉意，坦率地告诉顾客自己不清楚，同时也表示你会负责帮助顾客找到答案

 然后想方设法取得正确信息并及时告诉顾客。这样，顾客得到了尊重，也会感觉到你很真诚、很热情，并对你及你的商品产生好感

③ 售货员平时必须加强学习，了解最新的市场动态，掌握足够的信息，不断地更新知识，扩展视野，以满足顾客的需求

图3-11　处理不清楚问题的方式

不同地方的顾客有不同的喜好。一般来说，安徽、浙江、江苏一带的顾客，喜爱甜食；东北顾客喜欢咸食；福建、广东等讲究吃"鲜、嫩、滑"；山西、甘肃、新疆等顾客则无酸不下饭；等等。

各地顾客还有自己的方言土语，就馄饨而言，广东人叫"云吞"，四川人叫"抄手"，江西人叫"清汤"，福建人叫"皮肉"。若售货员对这些一无所知，销售时则容易闹出笑话。

 相关链接

商品介绍用语的艺术

售货员接待顾客的主要目的就是促成销售，因此在接待顾客时，既要注意讲究文明的用语，更要讲究用语的艺术，将两者有机地结合起来，使顾客听起来自然、舒服，以此打动顾客，刺激其购买欲望。

1. 善于引出顾客的购买意愿和顾虑

售货员在感觉到顾客对展示的物品感兴趣后可以不知不觉地、巧妙地将话题由讨论商品的一般性能转移到这一物品可如何满足顾客的具体需求上来。换句话说，售货员要将顾客推进到购买过程的下一阶段。如果发现顾客对正在展示的式样不是很满意，售货员可以多展示一些款式并强调不同样式的优点。

比如，一位妇女买裙子，看了几款后，对其中一条白底蓝花的丝质长裙犹豫不决，顾客说"这裙子挺好看，只是这蓝色我穿显得太嫩了。"

"夏天就该明快一些，淡淡的蓝色很合适您。"

"可这裙子颜色太浅了，不耐脏。"

"夏天反正得经常洗,再深些的也一样。而且这种丝经过处理,洗起来很方便,也不皱。"

在此过程中,售货员需要不断寻找施加影响的方法,同时还要顾及它们对顾客产生的效果,后者的重要性不比前者差,但一个好的售货员自己讲话并不多,而是善于引出顾客的话头并由此来激发他说出自己的意愿和顾虑。

2. 利用提问引导顾客说出自己的意愿

对话艺术中很重要的一点是提问题(提一个或一系列问题),问题要提得及时,提得正确。提问题不仅有利于接触了解,而且还能激发并引导思路,具体方法如下。

(1)提问题通常要在顾客挑选物品之前,使他觉得他自己在自由地、独立地做出决断,这样可以避免来自顾客的可能的防卫性反应。

(2)但是并非每一个问题都会问得成功。因为既然是提问就要求回答,如果顾客没有什么可回答的,这便可能使售货员心里感到不快。

(3)提出了问题并仔细听取了回答,售货员似乎"摸到了顾客购物的思想脉搏",感到了他对商品、对自己的建议的态度。

3. 针对不同的消费需求提出不同的论据

根据顾客不同的消费需求,具有针对性给予顾客不同的论据。也就是说,它的立足点不是各种各样的论据,而只是那些对顾客来说最重要的论据。

比如,一位顾客要买手机送人。售货员应将他的注意力放在手机是否新颖、是否时髦,告诉顾客此品牌最响亮,拿得出手,有品位,最后要将注意力放在能否让受礼者喜欢这些方面。如果选购的是自用,那么重要的是它的质量、它的实用性。

4. 避免命令式,多用请求式语气

命令式的语句是说者单方面的意思,没有征求别人的意见,就强迫别人照着做;而请求式的语句,则是以尊重对方的态度,请求别人去做。

请求式语句有以下三种说法。

(1)肯定句,如"请您稍微等一等"。

(2)疑问句,如"稍微等一下可以吗"?

(3)否定疑问句,如"马上就好了,您不等一下吗"?

一般说来,疑问句比肯定句更能打动人心,尤其是否定疑问句,更能体现出售货员对顾客的尊重。

5. 少用否定句，多用肯定句

肯定句与否定句意义恰好相反，不能随便乱用，如果运用得巧妙，肯定句可以代替否定句，而且效果更好。

比如，顾客问："这件衣服有其他颜色吗？"售货员回答："没有。"这就是否定句，顾客听了这话，一定会说："那就不买了。"于是转身离去。如果售货员换个方式回答，顾客可能就会有不同的反应。比如售货员回答："真抱歉，这件衣服目前只有黑色的，不过，我觉得这件的颜色与您气质很搭，您不妨试一试。"这种肯定的回答会使顾客对商品产生兴趣。

6. 采用先贬后褒法

先来看看下面两组对话。

顾客一："这件上衣2180元，太贵了，能打折吗？"

售货员一："价钱虽然稍微高了一点，但质量很好。"

顾客二："这件上衣2180元，太贵了，能打折吗？"

售货员二："质量虽然很好，但价钱稍微高了一点。"

这两组对话顾客提的是同一个问题，售货员的回答除了顺序颠倒以外，字数、措辞没有丝毫的变化，却让人产生截然不同的感觉。

先看第二句，它的重点放在"价钱"高上，因此，顾客可能会产生两种感觉：其一，这商品尽管质量很好，但也不值那么多；其二，这位售货员可能小看我，觉得我买不起这么贵的东西。

再分析第一句，它的重点放在"质量好"上，所以顾客就会觉得，正因为商品质量很好，所以才这么贵。

总结上面的两句话，就形成了下面的公式：

（1）缺点→优点＝优点

（2）优点→缺点＝缺点

因此，在向顾客介绍商品时，应该采用第一种公式，先提商品的缺点，然后再详细介绍商品的优点，也就是先贬后褒。

7. 言词生动、语气委婉

请看下面三个句子。

"这件衣服您穿上很好看。"

"这件衣服您穿上很高雅，像贵夫人一样。"

"这件衣服您穿上至少年轻十岁。"

第一句说得很平常，第二、三句比较生动、形象，顾客听了即便知道你是在恭维，心里也很高兴。

除了语言生动以外，陈词委婉也很重要。对一些特殊的顾客，要把忌讳的话说得很中听，让顾客觉得你是尊重和理解他的。

比如，对较胖的顾客，不说"胖"而说"丰满"；对肤色较黑的顾客，不说"黑"而说"肤色较暗"；对想买低档品的顾客，不要说"这个便宜"，而要说"这个性价比高"。

3.3 展示商品

在售货服务过程中，售货员介绍和展示商品的活动并不是截然分开的两部分。在介绍商品的特征时，可以引起顾客的兴趣，而巧妙的商品展示，可以让顾客看到商品的有关特征，能引起顾客的购买欲望。

3.3.1 运用图片解说

有些商品是无法进行直接演示的。那么，运用图片（这里的图片也包括产品说明书）进行讲解是一个非常有效的方法。运用图片解说可达成图3-12所示的效果。

1	可以吸引顾客的注意力。因为通常人们在看到某个东西时，心中便会投射出这个形象，从而令精神集中，心中的杂念减少。由此可见，售货员要想控制顾客的注意力，多用图片等可以看得见的东西去辅助解释说明不失为一种好方法
2	可让语言更加生动活泼，从而吸引顾客的目光
3	可促使顾客产生联想，从而激起顾客的购买欲望
4	可增加客户的参与感，因为顾客可通过用手指点和提问等方式，积极地参与到售货员的讲解过程中。此外，顾客一边观看图片，一边听售货员讲解，压力会小很多，气氛更为舒适自然，从而有利于双方的交流

可以增强顾客的信任感,因为这在顾客看来:售货员就只是在介绍商品,并不是强迫自己购买。因此,其戒备心理也会大大降低。如果顾客从感官上发觉产品是好的,他可能就会产生"试试也无妨"的想法,从而也就能增加销售成功的概率

图3-12 运用图片解说达成的效果

3.3.2 让顾客亲身体验

俗话说"说一百遍不如做一遍",让顾客亲身体验商品可以使售货员的商品介绍效果事半功倍。根据所售的商品,售货员可以选择展示、让顾客触摸、让顾客试用、教顾客使用等方法来让顾客充分感受商品。

售货员在示范操作前,必须做到以下两点(图3-13)。

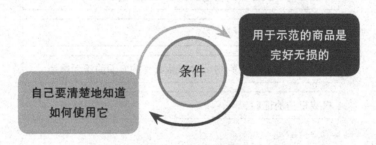

图3-13 进行商品示范操作需满足的条件

如果看到售货员手忙脚乱、半生不熟地操作商品,顾客对商品的印象会大打折扣。如果售货员在示范操作时,出现蒸汽熨斗没有蒸汽、闹钟不会响、吸尘器吸不干净的情况的话,也会让顾客对商品产生坏印象,购物的兴趣会大大降低。所以,在每天上岗前,售货员都应该检查一下试用品的好坏,看看是否有污渍、是否有破损、零件是否齐全,需要用电池的商品电池是否用完,需要开、关的地方是否能正常开、关,商品是否能正常运作,等等。

3.3.3 学会使用辅助材料

"你们的冰箱是很好,可是,你们现在这款冰箱还用R34a的制冷剂是吗?"顾客拿着一张产品介绍书问售货员小赵。

"是的,我们还是用R34a的制冷剂,因为R34a的制冷剂是最稳定的。"小赵自信地说。

"可是,许多冰箱制造商都用R600a的制冷剂了,你们太落后了吧?"顾客疑惑地说。

"其实,我们不用 R600a 的制冷剂,是因为 R600a 的制冷剂刚刚推向市场,还不稳定,而且前一阵子某个牌子的冰箱就是因为用了 R600a 的制冷剂出现了爆炸的事件。您看,报纸上都有报道。"小赵一边说一边把报纸递给客户。

如果售货员仅仅只是说,说得再用心,有些顾客还是会觉得差那么一点购买的信心。这时售货员若能拿出一份非常有力的证明材料,它则可以让自己的介绍更具说服力,可以给顾客多一份信心。由此可见,辅助材料运用得当,会对商品销售有非常大的帮助。

通常售货员的辅助材料主要有图3-14所示的几种。

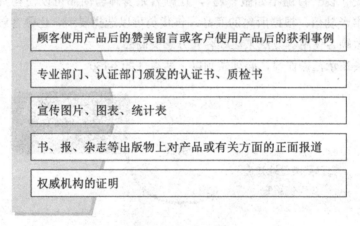

图3-14 辅助材料内容

为了更好地发挥辅助材料的作用,在使用辅助材料的过程中,售货员需要注意以下事项。

(1)所提供的资料要真实,千万不可造假、掺假。

(2)资料贵精不贵多,要选择真正使顾客感兴趣和最能体现顾客利益的材料。

(3)提供的资料要完好无缺。

(4)对材料要充分熟悉,最好能做到倒背如流。

(5)材料要一份一份地给,并对材料的重点给予指出。

(6)在顾客面前使用推广资料和证明材料的时候,要保持手掌和手指的清洁。

(7)在向顾客讲解推广资料的时候要与顾客保持目光接触,从而达到随时了解顾客态度的目的。

(8)在向顾客讲解材料的内容时,用笔帮助讲解,这样既方便了移动,又不会因为手指分散顾客的注意力。

相关链接

辅助材料的收集途径

辅助材料对售货员的销售有很大的帮助,那么辅助材料该如何获得呢?有些材料可能比较容易获得,比如包装盒、说明书、广告宣传资料等。但是,很多说服力强的资料,还得靠售货员自己花心思去搜集和整理。以下提供一些关于搜集辅助材料的方法,可供售货员在实际中参考使用。

辅助材料收集途径表

类别	收集途径
顾客使用商品后的赞美留言或顾客使用商品后的获利事例	(1)向客户服务部或销售部索取 (2)在柜台内放置留言册,要求对产品满意的顾客写赞美留言;必要时,售货员可帮他们写草稿,让顾客自己写并签名 (3)保持与顾客的紧密联系,把顾客的获利情况记录下来
专业部门、认证部门颁发的认证书、质检书	公司的技术部和公司的相关部门会保存
宣传图书、图表、统计表	海报、杂志上的资料、一些年度销售表和市场调查统计表
书、报、杂志等出版物上对产品或有关方面的正面报道	书、报、杂志等出版物上的一些相关报道,不一定要针对产品,只要与商品的材料、功能等有关的就可以。(例如,你是卖保健品的,你就可以搜集现在的人身体普遍缺什么,补充这类营养的好处等报道)
权威人士的证明	相关专家的题词、名人的评价
掌握对你的产品有利的、竞争对手的产品价目表	获取途径灵活

3.4 办理成交

有些售货员介绍商品时介绍得很精彩,但他们往往没有要求顾客购买该商品。经常发生这种眼看就要成交,但又失败了的事。这是因为售货员害怕顾客会说"不",没有及时促使顾客做出购买决定。

3.4.1 捕捉顾客的购买信号

购买信号是顾客的语言或非语言交流信息,表明他们已准备购买了,售货员要善于捕捉顾客的购买信号。

(1)顾客的非语言信号。顾客的非语言信号,售货员通常可以通过观察顾客的面部表情捕捉。当顾客皱眉毛或表示迷惑时,这表明他们还没有完全接受该商品。顾客的非语言信号如图3-15所示。

> 反对销售员试图把商品从原来位置挪动出来
>
> 在意地研究或仔细察看商品,摆弄它,从不同角度观察它
>
> 看到商品时微笑或表现得很激动
>
> 两三次地摆弄、使用一件商品

图3-15 顾客的非语言信号

(2)顾客的语言信号。顾客的评论通常是最佳的购买信号,它表明顾客正考虑是否购买。图3-16所示的陈述可表明他们正准备或已做好决定。

> "我想我的壁纸用蓝色的涂料比用灰色的要好。"
>
> "我能再看看别的样式吗?"
>
> "我可以退货,拿回我的钱。我理解得对吗?"
>
> "您是否说过它可以保修一年?"
>
> "这样的地板有没有颜色更深一些的?"

图3-16 顾客的语言信号

3.4.2 把握成交的时机

当顾客已做好购买准备时,就是达成交易的最好时机。通常,成交的时机主要表现如图3-17所示。

顾客突然不再发问

这种情况表示顾客可能正在考虑是否要买,此时如果售货员从旁劝导,将促使其成交

顾客不讲话而若有所思

这表明顾客正在内心权衡是否要买,这时售货员应抓住机会,用恰当的语言鼓励其购买

顾客开始询问购买数量

如顾客开始询问:"这种贴墙纸我打算铺一间房大概需要买多少平米?"等问题时,说明顾客已经有了购买的打算

顾客话题集中在某个商品上

这表明顾客对该种商品有了浓厚兴趣,此时如稍加劝说,可促使其成交

顾客不断点头

这表明顾客对此商品很满意或对售货员的劝导表示赞同,这是成交的极好机会

顾客开始注意价钱

这说明顾客对商品本身基本满意,剩下的只是考虑价钱问题,这也是成交的信号

顾客不断反复问同一个问题

这说明顾客对该商品非常有兴趣,只是还有一点不放心,此时说明其已有购买意图

顾客关心售后服务问题

这表明顾客已有明显的购买意向,成交的可能性很大

图3-17 成交的时机表现

3.4.3 做好成交准备

当售货员发现顾客出现购买信号时,就应该考虑是否可以建议成交。当然,在提出成交建议时,应做以好准备工作。

(1)停止介绍其他商品。因为既然顾客已经对售货员所介绍的商品产生兴趣,那就没有必要再向顾客介绍其他商品,否则不但会分散顾客的注意力,而且还会使顾客的购买兴趣转移、游离不定。

(2)确定顾客所喜欢的商品到底是哪一种,以进行最后的成交攻势。

(3)售货员在建议顾客成交时,首先要确认顾客的主要异议已经解决了,才有必要建议成交。否则,顾客对商品都还不满意,你再怎么建议成交也是没有用的,甚至会让顾客感到反感。

> **小提示**
>
> 在接近成交阶段时,售货员最好使柜台上的商品维持在2~3种(件),而把其他商品收回去。这样不仅可以降低顾客的犹豫时间,而且,还可以帮助你更好地掌握顾客的偏好。

3.4.4 成交达成后的工作

(1)让顾客进行确认。为了让顾客放心大胆地购买,并杜绝产生购买"后遗症",售货员必须向顾客做出以下确认,具体如图3-18所示。

1	在商品介绍中,售货员可能会拿出众多商品让顾客挑选,所以,开票前售货员首先必须确认顾客所要购买的商品到底是哪一件
2	对于有明确价格并且不打折不讲价的商品,要出示价格标签
3	对于打折的商品,要当面计算,并将打折后的价格告诉顾客
4	对于经过讨价还价后确认的价格,要再一次向顾客确认最终成交的价格

⑤ 在顾客付款前,售货员还需要让他们确认包装的完好无缺,最好让顾客亲自检查。如果发现包装有问题,必须马上更换,并向顾客说明原因,请求谅解

⑥ 在终结销售前,应根据不同顾客和不同商品作一些必要的交代,比如,商品的保管注意事项及商品的使用要求、携带方法、退换货规定等

图3-18 让顾客进行确认的事项

(2)填写销售单据。在与顾客确定清楚各项事宜之后,售货员应快速填写销售单据或用电脑输入销售记录,然后安排顾客付款。

① 填写纸质销售单据,其工作步骤大体如图3-19所示。

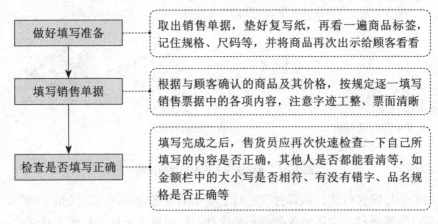

做好填写准备 ┈┈ 取出销售单据,垫好复写纸,再看一遍商品标签,记住规格、尺码等,并将商品再次出示给顾客看看

填写销售单据 ┈┈ 根据与顾客确认的商品及其价格,按规定逐一填写销售票据中的各项内容,注意字迹工整、票面清晰

检查是否填写正确 ┈┈ 填写完成之后,售货员应再次快速检查一下自己所填写的内容是否正确,其他人是否都能看清等,如金额栏中的大小写是否相符、有没有错字、品名规格是否正确等

图3-19 填写纸质销售单据的步骤

相关链接

单据上数字填写要求

单据上的数字填写必须清晰、正确,易于辨认。金额前要写明货币符号,如人民币用"¥"表示,美元用"US $"表示等。

阿拉伯数字要单个书写,不得连笔,金额大写一律用正楷字或行书书写,如壹、贰、叁、肆、伍、陆、柒、捌、玖、拾、佰、仟、万、亿、元(圆)、角、分、零、整(正),大写金额最后为"元""角"的应加写"整"或"正"字断尾。

金额数要写到角、分为止,无角、分的用"0"或符号"—"表示,有

角无分的，分位应写"0"，此时不能用符号"—"。

填写大写金额时，事先印好的"人民币"字样与大写数字之间不得留空；金额数字中间有"0"时，汉字大写金额要写"零"字，如"￥709.50"，汉字大写金额应写成"人民币柒佰零玖元伍角整"。数字中间连续有几个"0"时，汉字大写金额中可以只写一个"零"字，如"￥3009.51"，汉字大写金额应写成"人民币叁仟零玖元伍角壹分"。书写时，数字的大写金额和小写金额必须保持一致。

② 在电脑中输入销售记录。在电脑中输入销售记录，其步骤如图3-20所示。

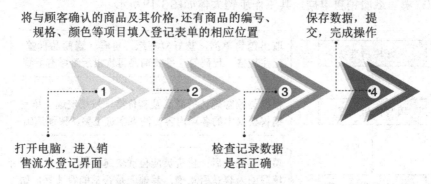

图3-20 电脑中输入销售记录的步骤

（3）安排顾客付款。顾客付款，对于不同的零售业态，其方式是不同的。无论如何，售货员都必须尽快收款或协助收款，以免顾客反悔不买或不耐烦。具体要求如图3-21所示。

1. 售货员将销售票据开好后，应双手递给顾客，然后指示顾客到最近的收银台付款。比如，"请您到3号收银台，就在前面左拐一点就到了"（指示给顾客看）

2. 如果收银台离本销售区域较远或不太好找，售货员则一定要给顾客讲清楚行走路线，在不忙或同事照管卖场时可陪同顾客一起去付款，这样不仅可增加顾客的好感，还可防交易意外丢失（顾客在往收银台的途中看到别的商品，而放弃已经打算要购买的商品）

3. 在顾客付款取货时，最好能够提醒顾客妥善保存单据，作为退换的凭证

图3-21 安排顾客付款的要求

3.5 包装商品

千万不要以为款项收完就万事大吉了。要赢得顾客的好感，售货员还必须做好商品包装工作。在商品包装时，售货员必须注意图3-22所示的几点。

1. 商品包装力求安全牢固、整齐美观、便于携带

2. 包装前要对商品进行严格检查，发现有破损或脏污，要及时为顾客调换

3. 包装时要快捷准确，对商品要轻拿轻放，不错包、不漏包

4. 针对不同顾客的心理要求、携带习惯，用不同的包装方法，尽可能满足顾客的要求

5. 在为顾客包装商品时，最好将有关顾客付款证明的单据贴在或是订在包装袋上容易看到的地方，以便顾客离开卖场时，不会被截住查问

图3-22 包装商品的要点

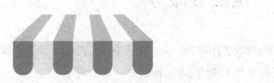

第4章
卖场营业后服务

 导言 ▶▶▶

营业后的服务，是指商品出售后继续为顾客提供的各种服务，包括退换货、送货、解决抱怨、处理投诉等。

4.1 退换货服务

当顾客购买商品后,由于种种原因,需要退换货时,商场(超市)的客服中心应做好退换货服务工作。

4.1.1 办理退换货原则

客服人员在处理顾客的退换货要求时须遵循图4-1所示的原则。

1	销售的产品被鉴定为存在质量问题时,无条件退换
2	顾客要求退换的商品正在打折时,虽然商品的价格高于现价,也只能按现价退换;如退换的商品属质量问题,按购买价格退换
3	如所调换产品价格低于原商品价格,顾客可挑选其他商品补充,直到与原商品价格持平,店铺一概不赊欠、不退款
4	如所调换产品价格超出原产品价格,顾客需支付超出金额
5	由于使用不当造成人为损坏的商品,不予退换
6	没有购物发票的商品,不予退换
7	特价商品,不予退换
8	顾客购买的商品如果属于礼品,只换不退
9	顾客不满及退换货不能断定责任的,第一时间上报上一级主管协助解决

图4-1 办理退换货原则

4.1.2 了解顾客退换货的原因

客服人员在决定该不该为顾客提供退换货服务时,首先要弄清楚顾客为什么要退换。造成商品退换的原因有很多,如商品有质量问题、冲动购买、替别人买而尺寸不合适、买重了等。诸如此类的原因可以分为两大类:有质量问题的和没有质量问题的。

(1)有质量问题。有质量问题的商品就是残品或次品,对于此类商品,要无条件接受顾客的退换要求(但一般都有期限要求),并按规定程序办理。

(2)没有质量问题。没有质量问题的商品应遵照"买得自由,退得公平"的退换宗旨,实行无障碍退换货。

4.1.3 办理退货的流程

退货商品的办理流程如图4-2所示。

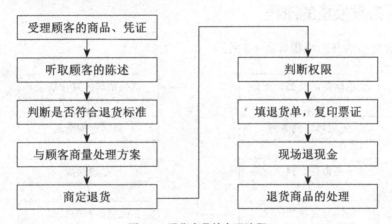

图4-2 退货商品的办理流程

流程说明:

(1)受理顾客的商品、凭证。接待顾客,并审核顾客是否有本企业的收银小票或发票,购买时间是否在期限要求内,所购商品是否属于家电商品或不可退换商品。

(2)听取顾客的陈述。细心平静地听取顾客陈述有关的抱怨和要求,判断是否属于商品的质量问题。

(3)判断是否符合退换货标准。结合公司政策、国家的法律以及顾客服务的准则,灵活处理,说服顾客达到一致的看法,如不能满足顾客的要求而顾客予以坚持的话,应请上一级管理层处理。

注:如属于家电商品或专业商品的质量问题,须经过部门主管确认是否存在质量问题。

(4)与顾客商量处理方案。提出解决方法,尽量让顾客选择换货。

（5）商定退货。双方同意退货。

（6）判断权限。退货的金额是否在处理的权限范围内。

（7）填退货单，复印票证。填写退货单，复印顾客的收银小票或发票。

（8）现场退现金。在收银机现场作退现金程序，并将交易号码填写在退货单上，其中一联与收银小票或发票的复印件订在一起备查。

注：退货单共二联。一联退换处留底，营业结束后经收银经理、保安检查后上缴现金室；另一联附在商品上，营业结束后随商品返回相关部门。

（9）退货商品的处理。将退货商品放在退货商品区，并将退货单的一联贴在商品上。

4.1.4 办理换货的流程

换货商品的办理流程如图4-3所示。

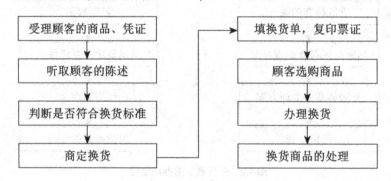

图4-3　换货商品的办理流程

流程说明：

（1）受理顾客的商品、凭证。接待顾客，并审核顾客是否有本企业的收银小票或发票，购买时间是否在期限要求内，所购商品是否属于家电商品或不可退换商品。

（2）听取顾客的陈述。细心平静地听顾客陈述有关的抱怨和要求，判断是否属于商品的质量问题。

（3）判断是否符合退换货标准。结合公司政策、国家的法律以及顾客服务的准则，灵活处理，说服顾客达成一致的看法。

（4）商定换货。双方同意调换同种商品或同类商品甚至不同商品。

（5）填换货单，复印票证。填写换货单，复印顾客的收银小票或发票。

（6）顾客选购商品。顾客凭换货单的一联，到商场选购要更换的商品。

（7）办理换货。在收银机现场作换货程序，换货单中的一联与收银小票或发票的复印件订在一起。如有金额差异，实行多退少补现金法，并将换货交易号码填写在换货单的商品联上。

注：换货单共三联。一联收银处留底；一联顾客使用收回后留底，营业结束后经收银经理、保安检查后上缴现金室；另一联附在商品上，营业结束后随商品返回相关部门。

（8）换货商品的处理。将换货商品放在换货商品区，并将换货单的一联贴在商品上。

下面提供一份××商场商品各大类退换货标准的范本，仅供参考。

【范本】

××商场商品各大类退换货标准

一、衣着类用品

1.服装按面料一般可分为：纯毛、纯棉、真丝、化纤、混纺（超薄织物）等。

2.衣着类用品，虽不属"三包"目录所列商品，但根据《部分商品修理更换退货责任规定》第四条规定"本规定不免除未列入目录产品的三包责任和销售者、生产者向消费者承诺的高于列入目录产品三包的责任"。因而，对这类商品售出后出现质量问题，也应实行"三包"，负责处理。

3.衣着类用品投诉处理难度较大，针对此类商品，我们应依据"一周内无障碍退换货"制度接待处理，若顾客所持商品不在"一周内无障碍退换货"制度范围之列，也可按照《产品质量法》第三十一条规定"因产品存在缺陷造成人身、他人财产损害的，受害人可以向产品的生产者要求赔偿"，可介绍或动员顾客去厂家或代销商处进行处理。

二、洗涤化妆品类

1.洗涤品包括粉、液、皂、膏等，属顾客日常用品，作为该类商品经销部门，须做好以下工作。

（1）日常做好首次进货和补货的标识，如商品的价格、产地、生产者、用途、性能、规格、等级、主要成分、生产日期、有效期限、使用说明、合格证明及感官检验工作，认真填写记录，确保商品符合标准要求。

（2）在顾客购买时，提醒顾客按该品文字标识规定的"使用范围""注意事项"使用，如各种专洗液，标注不同面料所使用的洗衣粉，含氯漂成分的透明皂等，对毛绒、真丝等制品，需使用专门洗涤剂等。

洗涤品类商品一经售出，非质量问题不予退换。

2.化妆品直接接触皮肤，涉及人身安全问题，因此，它的等级要求与食品一致。国家对化妆品标识有明确要求，要有产品名称、制造者名称和地址、内装物量、日期标志、许可证号、产品标准号、安全警告、使用指南、储存条件的标识。

因个体差异，有的顾客在使用化妆品时可能会出现过敏现象，这也是化妆品类商品引起顾客投诉的最常见的一个原因。遇到此类投诉，工作人员在确认商品无质量问题的情况下，应向顾客解释问题发生的原因，如安全警告标有"皮肤过敏者慎用"，过敏是顾客的忽略所致。

化妆品一经售出，非质量问题，不予退换。（个别品牌厂家，如玉兰油等，对顾客因过敏而要求退换货有相应规定，遇到此类品牌投诉时，应积极联系厂家，给予处理。）

三、食品、烟酒类

1.《食品卫生法》第六条规定："食品应当无毒、无害，符合应当有的营养要求，具有相应的色、香、味等感官性状"。由于食品销售关系到消费者的人身安全，《食品卫生法》还严格规定，禁止生产经营腐败变质、油脂酸败、霉变、生虫、污秽不洁、混有异物、掺假掺杂或者其他感官性状异常的食品、食品添加剂。为此，食品经销部门应严格按照《食品卫生法》和公司规定，认真履行食品进货检验职责，并坚持勤进快销、先进先销的原则，严把食品销售质量关。如果售出的商品不符合上述规定，原则上应予以退换。

2.烟酒类均应按照《食品卫生法》有关规定要求执行。唯一指出的，进货渠道须符合政府指定专门供货部门要求，如烟草专卖等。这样从源头上确保货源不出问题，保障产品销售的质量。日常商品检验仍然按照公司规定的首次和补货检验程序要求，认真执行。对酒类感官检验，主要看其液体内有无异物、清澈或混浊程度。烟的感官检验主要有无霉变异味，出售时，要有本部门暗记。

食品、烟酒类商品一经售出，非质量问题，不予退换。

四、家用电器类

1.家用电器类产品中十八种被国家列入"三包"目录的商品是彩色电视机、黑白电视机、录像机、摄像机、收录机、电子琴、冰箱冰柜、洗衣机、电风扇、微波炉、吸尘器、空调器、吸排油烟机、热水器、缝纫机、钟表、摩托车、自行车。

2.家电电器类商品在出售时，必须做到以下要求。

（1）介绍性能、注意使用维护事项、三包方式及维修单位。

（2）提供收银小票或有效发票和三包凭证。

（3）售后送货须为顾客开箱检验。

相关规定：《消费者权益保护法》《部分商品修理更换退货责任规定》（国经贸［1995］458号文件）。

五、其他商品

1.微型计算机类

（1）本规定所指的微型计算机适用于中华人民共和国境内销售的微型计算机主机、外部设备、选购件及软件。

（2）此类商品销售时，应符合以下要求。

①应当说明微型计算机商品的配置，开箱检验，正确调试，保证商品符合产品使用说明明示的配置和产品质量状况，当面向消费者交验商品。

②核对商品商标、型号和编号。

③介绍产品的使用、维护和保养方法以及三包方式和修理单位。

④明示三包有效期，提供三包凭证、有效发货票、产品合格证和产品使用说明。

相关规定：《微型计算机商品修理更换退货责任规定》。

2.电话机类

（1）移动电话机商品。本规定适用于中华人民共和国境内销售的由无线接入的移动电话机商品（包括手持式移动电话机、车载移动电话机、固定台站电话机及其附件），销售时应特别注意核对移动电话机主机机身号（IMEI号）和进网标志、附件的出厂序号（批号）、产品商标和型号。移动电话机主机、附件的三包有效期是不同的，如主机为一年，附件电池为六个月。

相关规定：《移动电话机商品修理更换退货责任规定》。

（2）固定电话机商品。本规定适用于在中华人民共和国境内销售的由有线用户接入的按键电话机、无绳电话机、ISDIV等数字电话机及各种功能装置。

销售时，向消费者当面交验产品使用说明书明示的全部附件并出机；提供有效发货票、产品合格证、三包凭证和产品使用说明书；介绍商品性能、使用方法、维护保养事项、三包方式和修理单位，正确填写三包凭证。

相关规定：《固定电话机商品修理更换退货责任规定》。

4.2 送货服务

送货,在售后服务之中称为送货服务或送货上门。它一般是指由售货单位为购买笨重或体积庞大商品的顾客提供方便,负责将其运送到家。对许多顾客来说,送货上门,往往对他们具有一定的吸引力。因此,商场(超市)可根据实际运作情况,做好送货上门的服务。但在送货服务中,要注意以下几个问题。

4.2.1 遵守承诺

提供送货服务,通常在售货服务进行之中,即明文公告,或由营业员口头告诉顾客。不论是明文公告还是口头相告,均应将有关的具体规定,诸如送货区域、送货时间等一并告知对方,并且必须言而有信,认真兑现自己的承诺。

4.2.2 专人负责

为顾客所提供的送货服务,大体上都应当由指定的专人进行负责。在规模较大的商场(超市)里,还往往需要组织专门的送货人员与送货车辆。即使雇请外单位人员负责代劳,也要与之签订合同,以分清彼此之间的责任,并要求对方全心全意地做好此事。

4.2.3 免收费用

在正常情况之下,商场(超市)为顾客所提供的送货服务,不应再额外收任何费用,但可以设定送货的门槛,比如一次性购物满多少钱可以免费送货上门。倘若顾客对于送货提出了某些特定的要求,如进行特殊包装、连夜送货上门等,应与顾客达成协议。若与顾客商定好支付一定的额外费用,这一费用一经议定,不得任意进行升降。

> **小提示**
>
> 当下的商场(超市),除加强体验式购物氛围的营造外,修炼服务内功是应对竞争、提升顾客满意度的最主要手段,提、送货服务应成为服务体系中的一项。

相关链接

沃尔玛中国提升顾客服务

2016年8月8日,恰逢沃尔玛进入中国市场20周年,沃尔玛中国宣布全面提升顾客服务,将2公里免费送货升级为3公里免费送货,承诺客服热线24小时对顾客咨询进行答复处理。

服务升级一:支付服务更方便快捷,满足顾客更多元化需求

继推出电子购物卡、支付宝等多种移动支付方式后,2016年7月起,沃尔玛部分门店已陆续接入微信支付。顾客表示,支付方式的多样化使他们在沃尔玛购物时感受到了更大的便利。为满足顾客的不同需求,沃尔玛决定即日起将微信支付推广到全国所有门店,顾客只需出示自己的微信付款码,让收银员扫描一下即可完成付款,不仅减少了顾客等待的时间,门店运营效率也得到提升。

服务升级二:免费送货范围扩到3公里,投资百万升级系统

2016年8月起,顾客在沃尔玛门店一次性消费满188元,即可享受3公里内免费送货的服务(鲜食和冻品除外)。顾客购物后,只需带着小票到服务台办理,登记需送货的地址及联系方式,即可轻松回家坐等收货。下午4点前登记,门店当天送货到家,下午4点后登记,门店安排第二天尽快送达。沃尔玛门店的工作人员会用特别订制的物流箱、环保袋配送商品至顾客家中。沃尔玛表示,免费送货覆盖范围从2公里扩大到3公里是公司顾客服务升级的重点,预计门店每天平均的送货量将增加15%以上。为了保证服务的质量,门店与第三方配送公司制定了更加完善的配送方案,增加运力与配送工具以保证服务水平。同时,沃尔玛计划新增数百万元投入,用于配送订单系统化管理的硬件和软件升级,用全新的科学技术来确保为顾客提供更好的服务。

服务升级三:多渠道聆听顾客心声,提高顾客满意度

一直以来,沃尔玛十分重视顾客的意见和建议,希望通过聆听顾客的心声在各方面做得更细致,在此背景下,公司推出本地顾客调研项目。全国每家沃尔玛门店的顾客现在都可以通过宣传单或门店内部宣传资料扫描上面的二维码,或从网页上登陆,然后输入顾客对该商场不同指标的打分。顾客同时也可以直接给商场留下建议。经过收集分析,公司将顾客留言传达给门店,再由门店制订针对性的计划以提升表现。为了让门店管理层更好地听到顾客的真实想法,每天门店总经理需要打电话给至少两名顾客进行更细致的回访。通过后期跟踪,调研数据显示出顾客满意度有不同程度的提升,尤其是员工表现出的友好态度令人满意,虽然顾客咨询量大增,关于投诉内容的数量却明显下降。

此外,沃尔玛的客服热线也是聆听顾客声音的另一个重要渠道。客服热线服务时间为周一至周日早8点至晚8点,终年无休,所有顾客咨询将在24小时内由专人跟进予以回应。顾客还可以关注沃尔玛微信服务号,通过"有话要说"栏目反馈意见和建议。

4.3 解决抱怨

顾客的抱怨行为是由对产品或服务的不满意而引起的,也即意味着经营者提供的产品或服务没达到他的期望、没满足他的需求。因此,商场(超市)应做好顾客抱怨的处理。

4.3.1 商品抱怨处理

商品抱怨处理技巧如下。

(1)商品质量问题的具体处理如下。

① 如果顾客买的商品发生质量问题,说明企业在质量管理上不过关,遇到这类情况,最基本的处理方法是诚恳地向顾客道歉,并更换质量完好的新商品。

② 如果顾客因为该商品的质量问题而承受了额外的损失,企业要主动地承担起这方面的责任,并对顾客的损失包括精神损失给予适当的赔偿与安慰。

③ 在处理结束后,就该质量存在问题的商品如何流入顾客手中的原因向顾客讲明,并说明企业的相应对策,给顾客再次购买本企业商品以信心。

④ 能与顾客保持一定的联系,确保顾客对企业商品的满意度,并将商品的问题向供应商反映,给予更新,以利于企业的发展。

(2)商品使用不当的具体处理如下。

① 如果是因顾客自己使用不当而出现的商品质量问题,卖场员工要意识到,这不仅仅是顾客自身的问题,或许是营业员在销售商品时未向顾客交代清楚注意事项,或者营业员出售了不适合顾客使用的商品,属于这类事件的,卖场也应该

承担一定的责任。

② 一定要向顾客真诚道歉，并根据事情的发展情况给予顾客适当的赔偿。

4.3.2　服务抱怨处理

顾客的抱怨有时候是因卖场员工的服务而引起，服务是无形的，不能像商品那样事实明确、责任清晰，只能够依靠顾客与员工双方的叙述。因此，服务问题要明确责任是比较困难的。

（1）处理类似问题时，客服人员一定要明确"顾客就是上帝"这一宗旨。

（2）首先听取顾客的不满，向顾客诚恳地道歉，向顾客承诺以后保证不再会发生类似的事件。

（3）必要时与当事人（员工）一起向顾客表示歉意。

（4）待事件处理完毕后，对这位顾客在精神上、物质上给予一定的补偿。这样做的基本出发点是让顾客发泄自己的不满，使顾客在精神上得到一定的满足，从而赢得顾客对卖场的信赖。

（5）事件处理完毕，卖场管理人员要对员工的处理顾客关系技巧方面进行必要的培训，使企业员工能够在措辞和态度上应对得体，以减少类似抱怨的发生。

4.3.3　索赔处理

（1）要迅速、正确地获得有关索赔的信息。

（2）索赔问题发生时，要尽快确定对策。

（3）客服主管对于所有的资料均应过目，以防下属忽略了重要问题。

（4）要访问经办人，或听其报告有关索赔的对策、处理经过、是否已经解决等。与制造商保持联系，召开协商会。

（5）每一种索赔问题，均应制定标准的处理方法（处理规定、手续、形式等）。

（6）防止索赔问题的发生才是根本的解决问题之道，不可等索赔问题发生时，才寻找对策。

4.3.4　特殊顾客抱怨处理

特殊顾客抱怨处理如下。

（1）"别有用心"的顾客。这种类型的顾客喜欢抓住卖场的弱点，提出难题，暗中索取金钱或贵重物品。满足此类顾客无理要求，会令卖场员工的士气大为降低；如果做出激烈的对抗，又会使事态恶化，极大地损害卖场的形象。

对待此类顾客，卖场管理人员及员工一定要保持清醒的头脑和冷静的判断力，利用法律武器保护自己的正当权益；卖场方面也要管好自己的言行举止，否则将会给这类顾客留下可乘之机。

（2）挑剔的顾客。对这类顾客，要耐心地听取他们的意见，探知他们明确的服务标准，表示他们的要求卖场已给予相当的重视。

同时，给对方道歉，期望对方继续支持，并赠送小礼物以表示感谢，这样一来，挑剔的顾客容易被客服人员的挚诚感动，从而不再抱怨。

最后把挑剔的顾客所引出的卖场漏洞堵住，以免顾客长期的抱怨和不满影响企业的形象和声誉。

4.4 处理投诉

对于商场（超市）来说，遇到顾客投诉是一种很常见的情况，投诉处理人员要掌握顾客投诉的处理程序，将顾客投诉圆满地处理，以此来赢得更多的顾客。

4.4.1 道歉

顾客无论是出于什么原因来投诉，接待人员都应当先进行道歉，使顾客平静下来。

4.4.2 倾听

（1）让顾客发泄。先通过开放式的问题让顾客发泄情绪，然后才能了解问题的实情。要理解顾客的心情，稳定顾客的情绪，请顾客坐下来慢慢谈，把顾客从情绪引导到事件上面去，让他把问题讲述出来。

比如，可以问顾客"你对这事抱什么看法""你认为如何""你目前的使用状况如何"等。

（2）充分倾听。说服别人的最佳途径之一就是利用自己的耳朵，倾听他们所说的话。客服人员处理顾客投诉实际上就是一个说服顾客的过程，要想处理好顾客投诉，必须先认真倾听。

4.4.3 表示理解

顾客的愤怒带有强烈的感情因素，因此如果能够首先在感情上对对方表示理解和支持，那么将成为最终圆满解决问题的良好开端。

表达理解和同情要充分利用各种方式，与投诉者直接面谈时，以眼神来表示同情，以诚心诚意、认真的表情来表示理解，以适当的身体语言，如点头，来表示同意。

（1）在一般原则上与顾客达成共识，如：

"新车的链条内侧有油垢，不仅是您，任何人都会感到愤怒的。"

"刚买的手机第二天就坏了，这事搁谁头上都不会觉得舒服的。"

（2）对顾客表达自己意见的权利予以确认，通常都能够有助于舒缓顾客情绪，从而使顾客对问题的表述更具逻辑性。

比如："是的，您完全有权利向我们提出意见，而且我们正是专门听取和处理这类问题的，请您坐下来慢慢谈，不要着急。"

4.4.4 解决

在倾听顾客的过程中，要迅速弄明白问题的关键，并找到解决的办法，以便迅速让顾客满意。

在与顾客打交道的时候，有句话也是常常听见客服人员提起的："对不起有什么用，我到底该怎么办啊？"

实际上，道歉和"对不起"不仅是有用的，也是必要的。但是仅仅道歉是远远不够的，能真正让顾客平息愤怒、化解不满的，是马上帮他解决问题。

"对不起，是我们的过失"之后，一句"您看我们能为您做些什么呢"更实在。单纯地同情、理解是不够的，顾客需要迅速得到解决问题的方案。

4.4.5 检查

做出补救性措施之后，要检查顾客的满意度，并且要再次道歉，然后与顾客建立联系并保持这种联系，留住顾客。

4.4.6 寻根究底

这一步对商场（超市）来说是极重要的，采纳顾客投诉传来的信息，改进自身的商品质量、服务与工作，才是经营的长久之道。

> **小提示**
>
> 商场（超市）必须严格按照流程处理好顾客投诉，尽量使每一位投诉的顾客获得满意的答复，既维护商场（超市）的声誉，也能增加顾客对商场（超市）的忠诚度。

 相关链接

重视顾客情绪巧妙解决投诉

2020年5月，在广州市××超市，顾客服务中心接到一起顾客投诉，顾客说从该超市购买的××牛奶中喝出了苍蝇。

顾客李小姐从××超市购买了××牛奶后，直接和朋友去一家餐馆吃饭，吃完饭李小姐随手拿出牛奶让孩子喝，自己则在一边跟朋友聊天，突然听见孩子大叫："妈妈，这里有苍蝇。"李小姐寻声望去，看见孩子喝的牛奶盒里（当时牛奶盒已被孩子用手撕开）有只苍蝇。李小姐当时火冒三丈，带着孩子就来超市投诉。正在这时，超市值班经理看见便走过来说："你既然说有问题，那就带孩子去医院检查，有问题我们负责！"李小姐听到后，更是火上加油，大声叫喊："你负责？好，现在我让你去吃10只苍蝇，我再带你去医院检查，有问题我来负责好不好？"边说边在商场里大喊大叫，并口口声声说要去"消协"投诉，引起了许多顾客围观。

该超市顾客服务中心负责人听到后马上前来处理，首先让那位值班经理离开，接着把顾客请到办公室交谈，一边道歉一边耐心地询问了事情的经过。询问重点如下。

（1）发现苍蝇的地点（确定餐厅卫生情况）。

（2）确认当时牛奶的盒子是撕开状态而不是只插了吸管的封闭状态。

（3）确认当时是孩子先发现苍蝇的。

（4）询问在以前购买××牛奶有无相似情况。

在了解了情况后，该超市提出了处理建议，但顾客由于对值班经理"有问题去医院检查,我们负责"的话一直耿耿于怀，不愿接受超市的道歉与建议，使交谈僵持了两个多小时之久，依然没有结果，最后负责人只好让顾客留下联系电话，提出换个时间与其再进行协商。

第二天，超市负责人给顾客打了电话，告诉顾客超市已与××牛奶公司取得联系,希望能邀请顾客去××牛奶厂家参观了解(××牛奶的流水生产线"生产—包装—检验"全过程全是在无菌封闭的操作间进行的),并提出,本着超市对顾客负责的态度,如果顾客要求,超市可以联系相关检验部门对苍蝇的死亡时间进行鉴定与确认。顾客由于接到电话时已经过了气头,冷静下来了,而且也感觉超市负责人对此事的处理方法很认真严谨,顾客的态度一下缓和了许多。这时超市负责人又对值班经理的讲话做了道歉,并对当时顾客发现苍蝇的地点(并非是环境很干净的小饭店)、发现苍蝇的人(孩子)、牛奶盒没封闭(已被孩子撕开)等情况做了分析,让顾客知道这一系列情况都不排除苍蝇是落入牛奶而非牛奶本身带有。

通过超市负责人的不断沟通,顾客终于不再生气了,最后告诉超市负责人他们其实最生气的是那位值班经理说的话,既然超市对这件事这么重视并认真负责处理,所以他们也不会再追究了,他们相信苍蝇有可能是孩子喝牛奶时从空中掉进去的。顾客说:"既然你们这么认真地处理这件事,我们也不会再计较,现在就可以把购物小票撕掉,你们放心,我们会说到做到的,不会对这件小事再纠缠了!"

反思:重视顾客情绪

处理顾客投诉是非常认真的工作,处理人当时的态度、行为、说话方式等都会对事件的处理有着至关重要的影响,有时不经意的一句话都会对事情的发展起到导火索的作用。我们对待顾客投诉的原则是软化矛盾而不是激化矛盾,所以这需要我们处理投诉的负责人不断提高自身的综合素质,强化自己对顾客投诉的认识与理解,尽量避免因自己的失误而造成的不良后果。

借鉴:巧妙解决投诉

负责该投诉事件的负责人在此处理过程中有许多值得我们借鉴与学习之处。

(1)沉着:在矛盾进一步激化时,先撤换当事人,改换处理场地,再更换谈判时间。

(2)理智:先倾听顾客叙述事情经过,从中寻找、了解有利于超市的证据,待顾客平静后对此向其进行客观的分析。

(3)耐心:在谈判僵持后,不急不躁,站在顾客角度为顾客着想去解决问题,且非常有诚意,处理方式严谨认真。

第 5 章
卖场应急服务

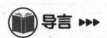 导言 ▶▶▶

商场（超市）除正常的营运作业之外，突发事件时有发生，其危害之大是不可估量的。因此为减少和降低财产的损失和人员的伤亡，迅速、有效地处理紧急事件，进行抢救作业，商场（超市）需做好突发事件的应急处理。

5.1 突发事件的类型

突发事件，是指突然发生，造成或者可能造成严重社会危害，需要采取应急处置措施予以应对的自然灾害、事故灾难、公共卫生事件和社会安全事件。商场超市的突发事件，一般有图5-1所示的几种。

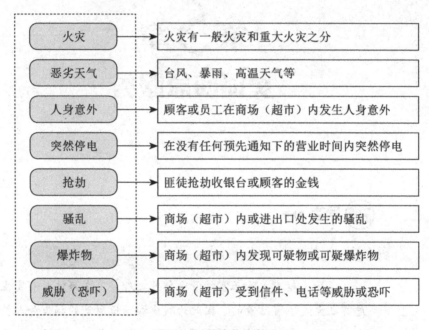

图5-1 突发事件的类型

5.2 突发事件的处理原则

在处理突发事件过程中，措施得力、方法正确则事半功倍。对于商场（超市）来说，在有效处理突发事件过程中必须坚持图5-2所示的原则。

原则一 ▶ 预防为主，计划为先

做好日常安全方面的工作，消灭隐患，减少紧急事件的发生。如保持地面无水渍，就可以减少顾客滑倒摔伤而发生的意外事件

| 原则二 | 处理迅速、准确、有序、有重点 |

发生紧急事件后，首先保持镇静，有序组织事件的处理，安排事情要责任分明，岗位确认，反馈迅速，一切行动听从指挥，随时调整策略以应付情况的变化

| 原则三 | 以人为先，减少伤亡，降低损失 |

人的生命是最珍贵的，因此所有救援的首要重点是保全和抢救人的生命，其次才是减少财物损失

图5-2 突发事件的处理原则

5.3 设立突发事件处理小组

紧急事件突发性高，且多属于意外事件，因此情况紧急，处理多需要专业知识，所以必须预先成立紧急应变小组，对人员进行有组织的分工和训练有素的培训，真正做到对突发事件有准备、有预防，这样在事故发生时，才能够迅速、有效、有重点地进行灾中、灾后的抢救处理工作，将损失降到最低程度。商场（超市）可设立如图5-3所示的突发事件小组。

图5-3 突发事件处理小组成员

图示说明：

（1）总指挥：由总经理担任，负责指挥、协调救灾现场的作业，掌握全局事态的发展动向，并及时向总公司汇报事态发展的状况和解决处理的结果。

（2）副总指挥：由分管安保工作的副总经理担任，协助总经理指挥，执行各项任务，负责对外报案及内外通讯联络。

（3）救灾组：组长由消防组长担任。主要负责各种救灾设施和器材的现场分发、使用，水源的疏导，障碍物品的拆除，现场具体指挥等。组员主要由消

防组员、义务消防员、安保等组成。

（4）人员疏散组：组长由商管部经理担任，组员由广播员、理货员、安保人员等组成。

（5）财物抢救组：组长由安保主管或经理担任，副组长由收银经理担任。主要负责抢救收银机区域、现金室的现金，电脑中心的重要文件、软盘和电脑设施等。

（6）医务组：组长由资深安保人员担任，组员应经过必要的急救知识培训，熟知商场内所有药箱分布的位置，能配合医务人员进行伤患抢救和紧急医护。

> **小提示**
>
> 紧急事件处理小组（以下简称处理小组）的组织名单、岗位分配名册由总经理办公室、综合服务部备案。

5.4　制订紧急情况计划

紧急情况计划是商场安全工作的重要组成部分。它是以书面的形式制定的防备各种潜在发生紧急情况的预备方案。计划包括紧急小组的成立和人员名单，各个岗位的具体责任和任务，发生各种情况的处理程序，发生紧急事件时可以提供援助的机构或可以求援的机构组织等，紧急情况下的通讯联系、紧急设备的维护等。重点如图5-4所示。

1	建立紧急事件处理小组的各分组负责制和各分组员工岗位责任制
2	确定事件发生后发出各项命令的指挥中心的地点、人物
3	确定新闻发布的规定
4	各种紧急状况的处理程序
5	具备各种特长员工的名单、联系电话和常住地址，包括急救员、人工呼吸救助者、电工、机械工等

6 各种设备的维护和配备情况（紧急照明、备用发电机、备用排水泵、无线电对讲机等）

7 紧急情况下的通讯录，包括商场各负责人员、消防队、派出所、急救、就近医院等的联系方式

图5-4　紧急情况计划的重点

5.5　紧急通讯录的设置

为了保证紧急事项的及时汇报和处理，安保部门及综合服务部必须设立所有管理人员的紧急通讯录，以备在紧急状况下可以及时联络。内容如图5-5所示。

- 总经理的办公电话（直线、分机）、家庭电话、手机号码（不能关机）等
- 安保经理的办公电话、家庭电话、手机号码（不能关机）
- 总部报警电话、商场（超市）内部报警电话
- 最近医院的急救电话、地址
- 本区域的派出所的联系电话、联系人、地址等
- 各部门所有主管级以上人员的姓名、家庭电话、手机号码

图5-5　紧急通讯录的内容

> **小提示**
>
> 此紧急通讯录由商场人事部负责编印，存放于总经理办公室、综合服务部、安保部控制中心、广播室、现金室，同时分发至主管级以上全体人员。

5.6 突发事件的处理程序

为了规范处理突发事件的程序，提高对突发事件的应急处理能力，维护商场（超市）的正常运转，需加强突发事件的管理流程。

5.6.1 一般处理程序

突发事件发生的一般处理程序如图5-6所示。

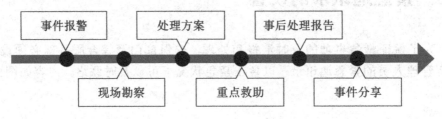

图5-6 突发事件的一般处理程序

说明：

（1）事件报警：当发生紧急事件时，所有人员都可以通过商场内报警电话向安保部进行报警，或及时汇报给管理层。

（2）现场勘察：接到报警后，安保部及有关人员第一时间赶到现场，迅速了解情况的发生原因和事态的现状。

（3）处理方案：确定处理方案，组织人员分头进行抢救工作。

（4）重点救助：针对不同的紧急事件和现场情况，决定救助的重点。

（5）事件处理报告：事件处理完毕后，安保部做分析报告，详细分析事故发生的原因，记录具体处理的过程和结果，并备案。属于营运工作不完善的因素，应在日后的工作中进行整改和注意。

（6）事件分享：将事件通过会议、板报、通知等多种形式，同全体店员进行分享，并就如何减少事件的发生等进行讨论。

5.6.2 紧急疏散程序

当发生火灾、爆炸、气体中毒等事件时，需要紧急进行人员的疏散，其疏散程序如图5-7所示。

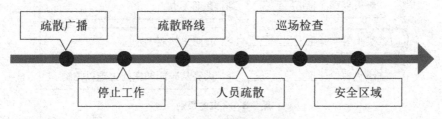

图5-7 突发事件的紧急疏散程序

程序解释：

（1）疏散广播：疏散广播必须在总经理批准的情况下，进行播放。所有员工在安全培训中，必须知道什么是疏散广播，听到广播后的正确行动是什么。

（2）停止工作：停止正在进行的所有工作，特别是操作设备的人员，首先要关闭电源。

（3）疏散路线：管理人员立即对现场进行控制，确定疏散路线，并立即通知广播人员进行疏散路线的广播，与顾客、员工进行有效的沟通，以便现场人员清楚如何撤离现场。

（4）人员疏散：立即按商场紧急疏散图的指示，通过安全通道、安全出口、紧急出口，离开现场。管理层要对疏散人员进行现场有序地组织，以免过度紧张和惊慌造成过度的拥挤而发生事故。疏散时注意安全第一，避开电器设施，不用电梯，有浓烟时应爬行离开现场等。

（5）巡场检查：当所有人员都撤离后，如允许，负责疏散的人员必须对商场进行检查，查看有无尚未疏散的人员或需要救助的人员，确保所有人员均已疏散。

（6）安全区域：疏散后人员集中在安全区域，等候命令。

5.7 各类紧急事件的处理

5.7.1 发生火灾的紧急处理

商场（超市）内发生火灾，有一般火灾和重大火灾之分。根据商场内的实际情况，暂定三种火警级别，具体如图5-8所示。

安保部接到报警后，根据现场情况判断火警的级别，进行相应的处理。

（1）火警的报告。商场（超市）中的任何工作人员发现火情，都可以向安全部控制中心报警，具体要求如图5-9所示。

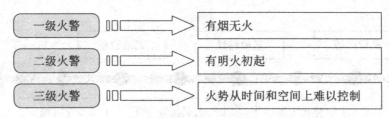

图5-8 火灾的级别

 拨打商场（超市）安全部的内部紧急电话或报警电话，如附近无电话、对讲机等通讯设备，应迅速到就近的消防栓，按动消防栓里的红色手动报警器向控制中心报警

 报警时应说明发生火灾的准确区域和时间，燃烧的物质，火势大小，报警人的姓名、身份以及是否有人员受伤等

图5-9 报告火警的要求

（2）火警的确认。控制中心接到消防报警信号后，立即确认报警区域，派两名安全员迅速赶到现场查看，迅速对火警的级别进行确认，具体要求如图5-10所示。

1. 一人留现场进行救火指挥工作，如组织人员使用现场消防器材进行扑救，如能将火扑灭，保留好现场，等候有关部门或负责人的到来

2. 另一人则立即通知商场（超市）的管理层、工程部等相关部门

3. 如属误报，应及时做技术处理，通知控制中心将机器复位

4. 如属捣乱谎报火警，通知控制中心将机器复位，并报告安全部查找有关人员

图5-10 确认火警的要求

（3）火警的上报。火警的上报要求如图5-11所示。

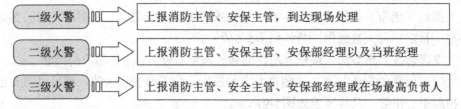

图5-11 火警的上报要求

> **小提示**
> 拨打报警，原则上应由在场最高负责人下达指令，但在紧急情况下可由安保经理或其他在场负责人下达，其后向总经理汇报。

（4）灭火程序。火灾经过安保员现场评估确定报警级别后，按一般火灾（一级、二级）和重大火灾采取不同的灭火程序。

一般火灾由安保部组织现场人员，用就近的消防器材进行灭火。火灾扑灭后，安保部要负责保护现场不被破坏，并拍摄照片存取证据，迅速查访知情人，查找火灾起因，进行火灾的初报和续报。

重大火灾的灭火程序如图5-12所示。

第一步	在通知总经理后，立即拨打119报警电话
第二步	处理小组内人员听到消防警报后，应迅速赶到安保部，立即按紧急事件处理小组的编制，确定行动方案，快速行动，各司其职
第三步	全商城（超市）的各个部门，在完成各自的职责后，服从处理小组的统一指挥和调配，协同配合，进行灭火、疏散、救助工作
第四步	安保部应迅速启动自动喷淋灭火系统，关闭非紧急照明和空调，开启排烟风机，疏通所有安全门和消防通道，启动火警广播，组织人员有秩序地进行人员疏散、灭火、财产抢救、伤员救助等工作
第五步	系统第二次报警后，安保部人员守住门口，人员一律不准进入火灾现场，除非有消防人员的许可
第六步	安保部指派人员维持商场周围广场的秩序和道路通畅，到指定地点引导消防队车辆的进入
第七步	工程部赶赴现场进行工程抢险，对配电房、中心机房、消防泵房等重点部位，实行监控和必要的措施
第八步	人员疏散应由指挥中心统一指挥，管理层员工要协助维持秩序，疏散顾客安全撤离到安全区域
第九步	现金室和收银负责人立即携带现金、支票撤离到安全区域，尽量避免财产的损失
第十步	电脑中心人员要保护重要文件、软件、设备，迅速撤离到安全区域
第十一步	综合服务部等后勤人员备好车辆供抢险小组用，有条件的将毯子、枕头等救护物品准备好，供抢救伤员用

图5-12 重大火灾的灭火程序

> **小提示**
>
> 火灾扑灭后,安保部要检讨消防系统的运行情况,迅速查访知情人,查找火灾起因;工程部协助从技术角度查找火灾起因,通过对机器、数据、资料进行收集分析,由消防安全调查人员撰写正式报告;根据财产和人员的伤亡情况,计算损失,迅速与保险公司进行联系,商讨有关赔偿事宜。

5.7.2 发生人身意外的紧急处理

人身意外是指顾客或员工在商场(超市)内发生的人身意外,包括意外事故伤害、一氧化碳中毒、电击以及因个人健康问题导致的突发性晕厥、休克等事件。

(1)处理程序。当发生意外时,要第一时间进行报告。顾客意外要报告商管部经理、安保主管;员工意外要报告该部门管理层、安保主管,并办理工伤处理程序中的相关手续。

(2)发病人员突然昏倒的处理。当出现发病人员突然昏倒的情况时,可按图5-13所示的程序处理。

① 发病人员在购物中心范围内突然昏倒,发现人员要立即拨打急救电话,并将情况报告给所在楼层的值班经理,值班经理接到报告后,要迅速将情况通知给安保部中控室,并赶到事故现场立即组织员工维持现场秩序,疏散围观人员

 若顾客昏倒,在有陪同人员的情况下,要询问病人的基本情况及病史,并配合陪同人员的要求进行初步救治;在无陪同人员的情况下,不得随意挪动发病人员,等待医务人员的到来,并做好相关内容记录

 拨打急救电话后,安保部要立即疏导交通,并指派专人迎接救护车,保证通道畅通,使发病人员迅速得到医治

图5-13 发病人员突然昏倒的处理

(3)一般发病情况的处理。若发病人员突感不适症状轻微时,发现人员要立即将发病人员搀扶至休息处休息,根据发病人员的要求,协助拨打急救电话进行初步救治,同时要将情况报告楼层值班经理。

楼层值班经理接到报告后，要赶往现场了解发病人员的基本情况，协助救治，同时做好相关内容记录。

5.7.3 突发停电的处理

没有任何预先通知下的营业时间内的突然停电处理程序如图5-14所示。

第一步	立即起用备用发电机，保证店内照明和收银区的作业
第二步	只能使用紧急照明、手电筒，不能使用火柴、蜡烛和打火机以及任何明火
第三步	如收银机不能运转，收银员立即将收银机抽屉锁好，并坚守岗位
第四步	收货部停止收货
第五步	现金室停止工作，现金全部入金库锁好
第六步	安保人员立即对商场的进口、出口进行控制，在暂时不知道停电时间的长短时，可先劝阻顾客暂不进入商场
第七步	启动广播，安抚顾客，管理层人员协助安保部维持现场秩序，避免发生混乱和抢劫等，如需要停业关店的，则进行顾客疏散工作
第八步	所有人员坚守岗位，各部门管理层要派人员对本区域内的零散商品进行聚集处理
第九步	工程部应立即询问停电原因及停电时间长短，总经理根据实际情况决定是否停止营业

图5-14　突发停电的处理程序

5.7.4 电梯困人的处理

电梯困人的处理程序如下。

（1）任何员工接到报警或发现有乘客被困在电梯内，应立即通知安保消防监控室，监控室同时记录接报和发现时间。

（2）安保消防监控室接报后应一方面通过监控系统或对讲机了解电梯困人发生地点、被困人数、人员情况，以及电梯所在楼层，另一方面通过对讲机向安保部经理或当班领班汇报，请求派人或联系工程部前往解救。

（3）安保部经理或当班领班接报后，应立即亲自到场或派员到场与被困乘客取得联系，安慰乘客，要求乘客保持冷静，耐心等待求援。尤其当被困乘客惊恐不安或非常急躁，试图采用撬门等非常措施逃生时，要耐心告诫乘客不要惊慌和急躁，不要盲目采取无谓的行动，以免使故障扩大，发生危险。

> **小提示**
>
> 在这一过程中，现场始终不能离人，要不断与被困人员对话，及时了解被困人员的情绪和健康状况，同时及时将情况向公司总经理或值班领导汇报。

（4）物业工程部经理或值班人员接报后，应立即派人前往现场解救，必要时电话通知电梯维修公司前来抢修。若自己无法解救，应设法采取措施，确保被困乘客的安全，等待电梯维修公司技工前来解救。

（5）若工程部和电梯维修公司都无能力解救或短时间内解救不了，应视情况向公安部门或消防部门求助（应说明求助原因和情况）。向公安、消防部门求助前应征得公司总经理或值班领导的同意。

（6）在解救过程中，若发现被困乘客中有人晕厥、神志昏迷（尤其是老人或小孩），应立即通知医护人员到场，以便被困人员救出后即可进行抢救。

（7）被困者救出后，安保部经理或当班领班应当立即向他们表示慰问，并了解他们的身体状况和需要，同时请他们提供姓名、地址、联系电话。如被困者不合作自行离去，应记录下来存档备案。

（8）被困者救出后，工程部应立即请电梯维修公司查明故障原因，修复后方可恢复正常运行。

（9）安保部经理或当班领班应详细记录事件经过情况，包括接报时间、安保和维修人员到达现场时间、电梯维修公司通知和到达时间、被困人员的解救时间、被困人员的基本情况、电梯恢复正常运行时间。若有公安、消防、医护人员到场，还应分别记录到场和离开时间、车辆号码；被困人员有受伤的，应记录伤者情况和被送往的医院。

（10）工程部经理或值班人员应详细记录故障发生时间、原因、解救办法和修复时间。

5.7.5 扶梯在运行中发生紧急意外的处理

扶梯在运行中发生紧急意外的处理程序如图5-15所示。

```
┌─┐  ┌──────────────────────────────────────────────────────┐
│1│──│发现人员要立即告知扶梯上的客人站稳或扶住电梯扶手带,并按下电│
└─┘  │动扶梯梯头的红色"STOP"按钮                            │
     └──────────────────────────────────────────────────────┘

┌─┐  ┌──────────────────────────────────────────────────────┐
│2│──│购物中心扶梯发生紧急意外情况时,电梯口附近的员工要立即在扶梯│
└─┘  │运行方向的入口处拦住乘客,告知扶梯暂时停止运行          │
     └──────────────────────────────────────────────────────┘

┌─┐  ┌──────────────────────────────────────────────────────┐
│3│──│电动扶梯停止运行后,要立即将情况上报所在楼层的值班经理    │
└─┘  └──────────────────────────────────────────────────────┘

┌─┐  ┌──────────────────────────────────────────────────────┐
│4│──│值班经理接到报告后,要立即将情况通知综合服务部及电梯专业人员,│
└─┘  │并组织人员维护好现场秩序                              │
     └──────────────────────────────────────────────────────┘
```

图5-15 扶梯在运行中发生紧急意外的处理

5.7.6 天然气泄漏的处理

天然气泄漏的处理程序如下。

（1）接到报告或发现天然气泄漏后，公司员工应立即通知安保部经理或当班领班，并马上赶到现场查看情况，必要时疏散人员，并禁用电气设备（包括手机、电话和对讲机）。

（2）安保部经理或当班领班接报后，一方面立即派员工前往现场支援，并通知工程部，另一方面视情况通知天然气公司和消防支队。

（3）工程部接到通知后，急速赶赴现场，协助安保部施救。

（4）若天然气泄漏发生在室外，应马上疏散周围人员，建立警戒线，防止围观，并严禁烟火和使用电气设备。

（5）若天然气泄漏发生在室内，要保持冷静，谨慎行事，切记现场不可按门铃、启闭照明灯、开换气扇、打报警电话、使用对讲机以及关闭电闸，也不要脱换衣服，以防静电火花引爆泄漏的气体。

（6）施救人员进入室内前，应采取一定的防范措施，戴上防毒面具；没有防毒面具，则用湿毛巾捂住口鼻、尽可能屏住呼吸；进入室内后，应立即切断天然气总阀，打开门窗，加快气体扩散，并疏散现场范围内的非相关人员，协助救援、抢修的消防人员和维修人员维持现场秩序。

（7）发现有中毒、受伤者，应立即小心、妥善地将受伤人员抬离现场，送往安全地区，必要时施行人工呼吸，并通知医疗部门前来救护或将受伤人员送往医院抢救。

（8）安保部和工程部应详细记录天然气泄漏的时间、地点、故障情况和修复过程。若有人员伤亡，应详细记录伤亡人员的姓名、性别、年龄、时间和抢救医院。

(9) 安保人员和设备巡检人员在平时巡逻时应提高警惕，遇有异常气味时，应小心处理，同时应掌握天然气总闸的位置和关闭方法。

5.7.7 水浸的处理

水浸的处理程序如下所示。

（1）员工接到报警或发现商场（超市）范围内出现水浸事故，应立即将进水地点、楼层、水源、水势情况报告当班领导、工程部值班人员和当班安保领班，并在支援人员到达以前尽量控制现场水势，防止水浸范围扩大。

（2）相关人员接报后，立即派人员就近采用防水设施保护好受浸楼层各电梯槽口，并将电梯升上最高层，切断电源，以免电梯受损；若电梯轿厢控制面板已经进水，则应立即切断电源，切忌升降电梯，以防故障扩大。

（3）立即查明水浸原因，采取措施（包括关闭水泵、关闭水阀、封堵水管、堵塞漏洞、疏通排水管道、打开末端放水等），切断水源，并关闭受浸区域的电闸，防止人员触电。若水源来自供水总管或工程部无力解决时，应立即通知自来水公司前来抢修。

（4）在水蔓延的通道上摆设拦水沙包或采取其他一切有效措施，防止水漫延到设备房、配电室、业主室内或其他楼层。

（5）组织力量采用各种手段，包括采用扫帚扫水、吸水机吸水，排净积水，清理现场，尽快恢复整洁。

（6）水源中断后，工程部应立即派人尽快修复受损设施；安保部、综合服务部应设法维持商场（超市）内秩序，并耐心做好商户的安慰解释工作，尽力解决水浸给商户带来的实际困难，并注意维护商场（超市）的形象。

（7）如在水浸事故后，有任何公共设施的正常使用受到影响或由此引发停电停水，应设置告示；如有任何区域存在危险性，应在该范围内设置警告标志。

（8）召开会议，分析事故发生原因，总结经验教训，并采取措施，防止出现类似事故。

（9）详细记录水浸事故发生经过和采取的措施，以及受损情况。

（10）一些常见水浸事故的预防措施如图5-16所示。

5.7.8 匪徒抢劫收银台的处理

当有匪徒抢劫收银台时，收银员须谨记图5-17所示的事项。

1. 安保巡逻和设备巡检时,应留意排水渠道是否有淤泥、杂物或塑胶袋,有否堵塞,并随时加以清理疏通;清洁工定时清扫天台、排水沟,防止雨后垃圾冲入排水口造成堵塞

2. 加强对消防喷淋系统的巡视,防止碰撞、移动喷淋头或消火栓引起水浸

3. 灾害性天气(台风、暴雨、大雪)来临前,工程部人员应对商场(超市)内天台、排水沟渠、集水井、排水泵等进行一次全面检查,发现问题及时修复

4. 管道工在操作安装、维修时应严格按照操作规程操作,防止因操作不当引发水浸事故

图5-16 常见水浸事故的预防措施

1. 记住没有任何金钱比你的生命更重要,不提倡个人英雄主义,保全生命是第一位的

2. 保持冷静,不要作无谓的抵抗,尽量让匪徒感觉你正在按他的要求去做

3. 尽量记住匪徒的容貌、年龄、衣着、口音、身高等特征

4. 尽量拖延给钱的时间,以等待其他人员的救助

5. 在匪徒离开后,第一时间拨110报警

6. 立即凭记忆用文字记录,填写抢劫叙述登记表

7. 保持好现场,待警察到达后,清理现金的损失金额

图5-17 匪徒抢劫收银台时收银员须谨记的事项

商场超市卖场服务与生鲜管理

当有匪徒抢劫收银台时，安保人员应注意图5-18所示的事项。

1. 在发现收银员被打劫时，趁匪徒不注意时，第一时间拨110报警

2. 对持有武器、枪支的匪徒，不要与其发生正面冲突，保持冷静，在确认可以制胜时等待时机将匪徒擒获，若不可制胜，尽量记住匪徒的身材、衣着、车辆的牌号、颜色、车款等

3. 匪徒离开后，立即保护现场，匪徒遗留的物品，不能触摸

4. 匪徒离开后，将无关的人员、顾客疏散离场，将受伤人员立即送医院就医

5. 不允许外界拍照，暂时不接待任何新闻界的采访

图5-18 匪徒抢劫收银台时安保人员须注意的事项

5.7.9 发生骚乱的处理

商场（超市）内或进出口处发生的骚乱行为、客人打架行为等处理程序如图5-19所示。

第一步	如发现商场内有人捣乱，立即通知安保人员到现场制止
第二步	阻止员工和顾客围观，维持现场秩序
第三步	拨打110报警，将捣乱人员带离现场，必要的送交公安机关处理
第四步	对捣乱人员造成的损失进行清点，由警察签字后作汇报，如有重大损害要通知保险公司前来鉴定，作为索赔之依据
第五步	发现任何顾客在商场内打架，立即拨内部电话，通知安保人员到现场制止
第六步	不对顾客的是非进行评论，保持沉着、冷静，要求顾客立即离开商场

图5-19 发生骚乱时的处理程序

5.7.10 发现爆炸物的处理

商场（超市）内发现可疑物或可疑爆炸物的处理程序如图5-20所示。

第一步	发现可疑物后，立即汇报管理层（总经理、值班经理、安保部经理）
第二步	经总经理或在场最高负责人许可后，立即打110报警
第三步	不可触碰可疑物，划出警戒线，不许人员接近
第四步	疏散店内人员和顾客，并停止营业
第五步	静待警方处理直至危险解除，再恢复营业

图5-20　发现爆炸物的处理程序

5.7.11 发现炸弹威胁（恐吓）的处理

商场（超市）收到炸弹威胁的信件、电话等处理程序如图5-21所示。

第一步	收到恐吓信件后，立即交由管理层（总经理、值班经理、安保部经理）处理，不要同其他员工谈及有关的内容
第二步	收到恐吓电话后，要求匪徒与管理层（总经理、值班经理、安保部经理）通电话
第三步	不要打断恐吓电话，并进行记录，包括匪徒的口音、性别、年龄、要求、动机等信息。如有可能，可提出下列问题：炸弹在什么时间爆炸？哪种炸弹？炸弹安放在什么地方？为什么要安放炸弹？炸弹的形状和大小？
第四步	立即报警处理
第五步	根据匪徒提供的信息，进行店内炸弹搜查，注意不要触摸任何可疑物体，等待警察的处理
第六步	根据警方的建议和店内的具体情况，决定是否关店或撤离

图5-21　发现炸弹威胁（恐吓）的处理程序

5.7.12 媒体要求采访的处理

各类突发事件在商场（超市）区域内发生，而导致媒体记者到场采访时的处理程序如图5-22所示。

| 第一步 | 为了避免突发事件可能造成的不利影响，商场（超市）的员工（包括正式员工、实习生、临时员工、供应商自聘员工）在未经批准前不得以任何方式接受任何媒体的采访 |

| 第二步 | 一旦在商场（超市）中心区域内发生各类突发事件，已导致媒体采访或可能导致媒体报道时，应由当事工作人员在第一时间上报所在部门经理，由部门经理上报主管总经理后，确定应对方案 |

| 第三步 | 一旦发生媒体报道失实或突发事件的负面影响升级，给商场（超市）的正常经营及声誉造成严重损失时，应由商场（超市）总经理向总公司主管领导及时汇报，确定应对措施或取得必要的法律支持 |

| 第四步 | 相关部门要做好突发事件的相关记录。与外界接触时，要做好录音录像等记录 |

图5-22 媒体要求采访的处理程序

5.7.13 举办大型活动引起人员过度密集情况时的处理

举办大型活动引起人员过度密集情况时的处理程序如图5-23所示。

| 1 | 活动现场所在楼层的值班经理应坚守在现场，并组织本部门员工做好各岗位工作，不要围观，看护好各自的商品 |

| 2 | 当活动现场出现人员过度密集或秩序混乱等情况，所在楼层的值班经理要立即将情况报告安保部及商管部，必要时上报购物中心领导，同时指挥本部门员工维护现场秩序，做好人员疏导工作 |

| 3 | 活动现场的员工要看管好自己的商品，并及时进行清点，发现丢失要立即报告安保部 |

| 4 | 因现场过度拥挤出现人员受伤时，安保部与楼层人员要将其转移至安全地带，并采取初步急救措施进行救治，同时通知医务人员前来救治 |

图5-23 举办大型活动引起人员过度密集情况时的处理

5.7.14 重要人员到访时的处理

重要人员到访时的处理程序如图5-24所示。

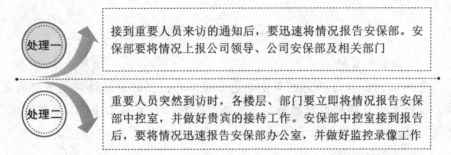

图5-24 重要人员到访时的处理

5.8 突发事件应急演练

商场（超市）要经常进行应急演练，如消防应急演练、盗窃应急演练等。只有不断进行演练，使员工们熟练掌握处理流程和办法，才能在突发事件发生时有条不紊地开展工作。

突发事件应急演练流程如图5-25所示。

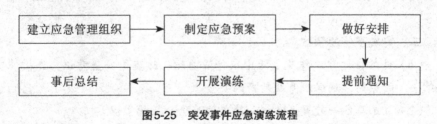

图5-25 突发事件应急演练流程

5.8.1 建立应急管理组织

商场（超市）应当建立应急管理组织，一般由总经理或店长担任总负责人，各部门经理、主管协助总经理进行应急处理。

5.8.2 制定应急预案

实施应急处理要先制定应急预案，对应急演练的各项事宜、具体规定、奖惩规定、注意事项等提前进行规范。

下面提供一份××商场突发事件应急预案的范本,仅供参考。

【范本】

××商场突发事件应急预案

一、编制的目的

为加强我公司商场突发事件应急管理工作,预防和杜绝突发事件的发生,保障商场及购物群众的安全,根据国家和××省有关法律、法规规定,本着"预防为主,防范结合"的原则,结合商场实际情况,特制定本预案。

二、危险性分析

1.商场概况

商场主要从事烟酒、副食品、百货、文化用品、针织品、土特产、冷饮、家具、家用电器、五金、电脑耗材、服务鞋帽、水果、净菜、冷鲜、水产的批零兼营、配送。

2.危险性分析

综合性商业零售企业,其内部结构比较复杂,营业面积大,经营的商品范围广,收银台及贵重商品多,并且设置有大量的照明、用电设备,安全工作是商场的重中之重。另外商场也是人员密集场所,一旦发生各种突发事件,人员的疏散工作十分重要,因此,建立快速人员应急疏散程序非常必要。

三、突发事件的预防

(1)员工在日常工作及生活中应加强消防、防盗等安全意识,遵循"安全第一"的原则,确保人身及财产的安全。

(2)员工具备一般灭火常识和简单的避险、救护常识。

(3)工作中按照要求使用商场设备、设施、工具,严格危险作业。

(4)严禁用湿毛巾擦拭带电设备,切忌将水渗入机身。

(5)电脑使用人员应当定期检查系统的运行状况,对可能造成影响系统运行的情况及时通知电脑部处理。

(6)定期检查各主要功能系统(如供电、供水、空调、电梯等)的运行状况及各类设施、设备的使用状况,做好日常保养,及时消除隐患。

(7)物品摆放严禁堵塞消防通道,挡住消防器材、电闸和红外监控器,物品与照明灯、电闸、开关之间距离不少于50厘米。

（8）员工对负责管辖的物品要小心看护，人离开时要锁入柜内或与他人做好交接工作，严防被盗。

（9）雨季要经常留意有关气象信息，做好台风、暴雨的抢险防护工作。

（10）接到停电通知，要做好备用电的切换准备工作。启动备用电源首先保证电脑、收银机、冻柜等关键部位用电。

（11）保管好公司及个人财务，现金应足以存放和携带安全。

（12）注意人身安全，外出时要尽量避开偏僻路径，不要随身携带大量现金或贵重物品。

四、突发事件的处理

1. 停电

（1）应迅速查明停电原因，并及时采取措施。

（2）非因工作需要各岗员工不得离开岗位。

（3）如有换电等事先掌握停电消息的情况，动力工程部应事先通知现场管理人员。

（4）需要利用广播通知时，应由商场经理直接与广播室联系。

（5）停电期间安保部、营业部、电脑部、广播室与动力工程部应保持密切联系，及时做出部署，保证商场内的秩序及顾客和商品的安全。

（6）非营业时间停电要确保商场冻柜及正常值班所必需的电量。

2. 电脑故障

（1）当电脑出现非正常停机时，使用人应立即通知电脑部人员到场查明原因并采取措施恢复运行。

（2）商场全部电脑均出现非正常停机现象，收银主管要立即向商场经理、公司领导汇报。如5分钟内电脑仍不能恢复正常，商场经理应通知广播室，通过广播稳定顾客情绪。

（3）安保部负责维持收银台秩序，并防止商品从收银口流失。

（4）事故发生地最高职务者担任现场指挥员。

3. 火警

（1）立即通知安保部或附近的安保员。

（2）安保主管视情况确定是否报警，并指挥安保员进入各指定位置。

（3）安保主管通知广播室，用广播安定人心并疏散人流。

（4）员工协助指引就近人员从各安全通道疏散。

（5）迅速查明起火原因，视不同情况采取相应措施。

（6）安保主管担任现场指挥员。

4.台风、暴雨

(1)员工尽量避免外出,公司车辆停放在安全地点。

(2)值班负责人定时对本商场进行巡查。

(3)发现险情或商品、设施遭到破坏时,应立即通知本部门负责人。

(4)抢险工作应本着"紧急避险"的原则,首先保证人身安全,抢救物资应救重避轻,尽量减少损失。

(5)事故发生地职务最高者担任现场指挥员。

5.暴力事件

(1)公司内发生打架、抢劫、哄抢财物时要立即通知主管和安保部。

(2)安保部或主管接到报告后,对于一般性事件如打架等,可以将有关人员带离现场到治安室处理,较大的纠纷视情况上报公司领导或公安机关解决。

(3)对于严重暴力事件如抢劫、哄抢财物等,安保部要立即安排部署人力,控制秩序,把守各通道及出口,迅速打击犯罪分子,保证公司财产安全,并做好现场保护工作。

(4)安保主管担任现场指挥员。

(5)如员工在外遇到抢劫,应首先注意员工的生命安全,尽量记清犯罪分子的相貌特征,并于第一时间报警或与公司取得联系。

五、应急组织机构与职责

1.成立应急指挥部

总指挥:董事长。

副总指挥:总经理。

组员:财务主管、百货部经理、食品部经理、生鲜部经理、客服部经理、安保部经理。

职责:全面负责组织、指挥、协调突发事件的处理、应急疏散预案的具体实施,确保能够按照预案顺利进行。

2.成立应急行动组

(1)通讯联络组:组长带领组员,做到报警及时,保持通讯联络畅通;保证各指令、信息能够迅速及时、准确地传达。

(2)楼层指挥组:组长带领组织、指挥、协调灭火防盗等突发事件的处理及应急疏散预案的具体实施;掌握情况,准确分析局势,果断作出正确判断;及时上报有关信息,并认真贯彻执行指挥命令。

(3)灭火行动组:带领组员,负责按照预案及时扑救初起火源,控制并消灭火灾；配合专业消防人员进行灭火抢救工作。

（4）疏散引导组：组长带领组员，坚守岗位，依据预案措施及疏散路线，有秩序地疏散引导本楼层顾客，疏散完毕后有秩序地撤离。

（5）防护救护组：组长带领组员，负责配合专职流水作业防护人员及医护人员救护火场被困伤员及物资；负责现场警戒，维持现场秩序，看守抢救出来的物资，保证灭火工作顺利进行。

（6）后勤保障组：组长带领组员，负责保障灭火用水供应和其他灭火物资设施供应；负责灭火的水、电供应，现场抢修、恢复等工作。

六、应急响应

以火灾为例的应急响应如下。

（1）值班人员或现场工作人员发现突发事件后，应立即采取措施，发现火情，应断切断与火灾相关的电源，大声呼救，并按下手动报警按钮发出火灾警报，同时拨打119火警电话。报警时要讲清详细地址、起火部位、着火物品、火势大小、报警人姓名及电话、行走路线，并派专人等待和接引消防车进入火灾现场，同时向单位领导和安保部报告。

（2）通讯联络组及时准确地将各种指令情况及信息上传下达。

（3）防护救护组立即按指挥员的指令对现场实行警戒，维护好现场秩序，配合好专业消防员及医务人员抢救火场院内的被困伤员与重要物资。

（4）后勤保障组按预案或指挥部指令迅速调集灭火物资、设备，为完成灭火，疏散救护提供必要的支持和保障。

七、应急结束

处理突发事件工作结束后，严禁在场无关人员进入现场，确保现场的原始状态，并配合调查人员做好突发事件现场的调查工作，后勤保障组在总指挥的安排下做好抢修、恢复工作。

（1）首先保持自我镇定，将突发事件迅速向上级汇报并与有关部门取得联系。

（2）以确保人员安全为首要任务，保护好公司的财产安全，并服从现场管理人员的指挥。

（3）在采取抢救措施时，应本着"先救人后救物"的原则，抓紧时机进行抢救。

（4）各部门及全体员工要在总指挥部的统一领导下，迅速按预案或指挥员的指令，完成各项工作任务。

（5）各部门值班人员接到警报后，要立即组织力量赶赴现场进行抢救。

> 八. 附则
> 1. 应急预案备案
> ××商场重大生产安全事故应急救援预案,报××县安全生产监督管理局备案。
> 2. 制定与解释
> 本事故应急救援预案由××商场制定,解释权归××商场所有。

5.8.3 做好安排

演练前要做好安排,具体包括以下内容。
(1) 场地安排,一般安排在卖场或商场(超市)周围区域。
(2) 时间安排,安排在顾客较少时期,必要时可以停止营业进行演练。
(3) 人员安排,根据应急预案要求,为各部门人员进行安排,编制人员安排表。
(4) 物资安排,准备好灭火器、救生包等必备的演练物资。

5.8.4 提前通知

演练前应贴出告示,使顾客、周围社区居民明确获知。

5.8.5 开展演练

在规定的时间内开展演练工作,演练时要注意以下几点。
(1) 严格按程序进行演练。
(2) 严格保障安全。
(3) 各级员工要服从指挥。

 相关链接

应急演练要"演"真"练"实

应急演练如果不真"演"那么肯定起不到"练"的效果,那么演练究竟怎样"演"呢?"演"到什么逼真程度呢?如果太逼真会不会发生危险?怎样去规避危险呢?

"演"要"演得像",一是事故发生场景要逼真,只有场景逼真了,才能让参演者身临其境,才能让他们产生那种救援的急迫感。假使以后发生类似险情,他们才心里有底,不至于手忙脚乱。

　　二是参加演练人员要"演"得逼真。试想一下,参加应急演练人员都是抱着无所谓的态度,无组织、无纪律、松松垮垮、慢慢腾腾的,那么怎么体现应急演练的"急"。所以参演者在事故场景布置好之后,在救援总指挥分工明确之后,一定要快速、准确赶到事故发生地,在确保自身安全前提下,在最短时间内完成事故处置。试想如果真的发生事故,那就是十万火急的事情,时间就是生命,若大家平时都把演练当做儿戏,那么真当事故发生时,必然是血的教训。

　　但是,"演"是为了"用得着",应急演练不能一味追求"演"得真实,就忽略了参演者的人身安全,所以事故场景要把握一个度,做好参演者的防护工作。这就要求组织者在组织应急演练前要制订详细的专项应急演练计划和方案,制订科学的计划和方案是应急演练顺利进行的保障和前提;要组织学习应急演练计划和方案,通过学习让参与应急演练的人员都熟悉计划和方案,以及应急演练注意事项,并给参演者提供必要的防护设备,防止演练过程中发生事故。

　　所以,演练过程应"重疗效",让场景尽量"还原",让所有参与演练的人员把应急演练当做真实"身边事故"来对待,准确、及时地开展。只有真"演",才能保证应达到的效果。

第6章
生鲜采购管理

 导言 ▶▶▶

采购是商场（超市）进行商品销售、物流配送和实现盈利的前提。采购数量不当、商品品质参差、成本价格过高都会阻碍商品的正常销售。因此，商场（超市）离不开科学的采购管理。

6.1 生鲜采购前的需求调查

在生鲜采购工作中,无论是商场(超市)初创时期生鲜经营项目和商品结构的拟定,还是正常经营过程中商品结构调整完善和应季变化,需求调查都是最基本的工作依据。

需求调查主要包括图6-1所示的三个方面的内容。

图6-1 生鲜采购前的需求调查

6.1.1 顾客消费需求调查

顾客消费需求调查是针对商场(超市)所在区域的消费群体进行调查,主要包括图6-2所示的内容。

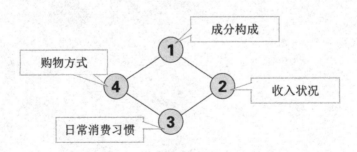

图6-2 对消费群体进行调查的内容

商场(超市)的顾客的消费需求调查所产生的分析结果将对商场(超市)生鲜商品结构、商品分类宽度和深度、生鲜商品组合方式都会产生比较大的影响。

6.1.2　现有生鲜经营方式调查

商场（超市）主要调查对象是周围的农贸市场、各类商场（超市）和零售商贩的生鲜经营方式，就其所能提供的生鲜商品及其组合结构、价格水平和相关服务做出分析评价，以便把握生鲜经营的发展趋势，最终挖掘并能形成自己差异化的经营特色和卖点，指导开发和引进新商品，及时调整生鲜商品价格和结构，不断充实生鲜区商品丰富感，保持对顾客的吸引力，为商场（超市）生鲜区树立物美价廉的社区形象。目前最有可能与商场（超市）生鲜区在同一经营方向上产生竞争的几种生鲜经营形式如图6-3所示。

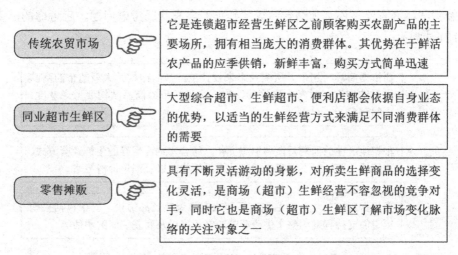

图6-3　最有可能与商场（超市）生鲜区产生竞争的经营形式

6.1.3　采购供应渠道调查

大中型城市的农产品批发集散市场是生鲜采购最直观和最直接的主渠道，也是反映当地农产品结构和价格波动变化的重要"晴雨表"。另外城市周围的各种蔬菜、水产养殖和肉联厂等生产基地也是重要的采购渠道。

> **小提示**
>
> 由于生鲜商品及其供应链环境的影响，商场（超市）要构造完善的生鲜商品组合，不仅要了解同业、熟悉自己，更应该深入了解生鲜商品本身及安全性，农产品生产、采购供应渠道和供应商状况等。

6.2 建立生鲜商品的组织结构

生鲜采购工作要对生鲜消费市场保持高度敏感,随时掌握商品的流行性和突发社会性事件的影响,趋利避害。在不断变化的经营环境中,灵活巧妙地进行生鲜商品组合。

6.2.1 生鲜商品组织结构建立应考虑的因素

商场(超市)生鲜区在建立生鲜商品经营结构时,除了要依据大量外部市场和经营环境调查外,还必须结合商场(超市)自身状况考虑问题,应考虑的因素如图6-4所示。

1. 要依据商场(超市)所属业态来设计生鲜商品结构。大型超市的商品组织结构需同时考虑宽度和深度,小型超市的商品结构要考虑宽度,限制深度

2. 根据地区性的消费习惯和形态变化,结合本地区现存的生鲜经营方式,相应地采取针对不同客层的商品组织结构,以及销售价格策略

3. 要根据现有的生鲜商品采购渠道来审核调整商品结构,其中包括采购渠道的支持程度、整个供应链的顺畅程度以及利差空间的预估等

图6-4 生鲜商品组织结构建立应考虑的因素

6.2.2 常见生鲜商品的分类组织结构

在商场(超市)生鲜商品结构上,常见分类如图6-5所示。

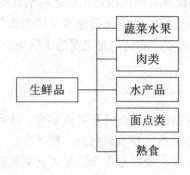

图6-5 常见生鲜商品的分类组织结构

商品会按照各中类商品群的具体经营项目从保存方式、商品属性和制作方式方法再行区分为各小分类。

比如,水产品可依保存方式不同分为活鲜类、冰鲜类、冻鲜类和干鲜类几个小分类;小分类之下则是单品。

除此之外,还有两个商品群组——日配商品和散食杂粮,其类别划分,不同商场(超市)会有不同的理解和划分归类方式。有些商场(超市)把散食杂粮作为生鲜商品独立的中分类,放到蔬果部或者面点部并类管理;日配商品可以作为生鲜区的一个中分类单独设部组管理。但也有一些商场(超市)是把日配商品和散货杂粮归并起来成为杂货类商品,归于标准食品的大分类之下进行管理。

6.2.3 生鲜商品结构的调整策略

在生鲜经营中,生鲜区的销售流量对于达成生鲜经营的目的十分重要,而对刚开张的商场(超市)则更加重要,要保持一定水平的生鲜区销售流量,不使生鲜经营沦为商场(超市)的"鸡肋",需要从各方面予以协调配合,进行策略性调整,具体措施如图6-6所示。

1. 在生鲜商品结构的开业设计和基本调整之后,大、中、小分类应保持相对稳定,不宜随意变动,但商品组合可依据日均销售量按季度做出机动性调整

2. 在生鲜区经营的商品中,要根据需求调查中消费者对生鲜商品敏感度分析结果,考虑各类生鲜商品的价格和毛利率政策

3. 生鲜商品的组织结构调整,应与商场(超市)整体商品营销和竞争商品组合策略相呼应,适当调低敏感性和竞争性商品价格水平,建立整体低价的市场印象

图6-6 生鲜商品结构的调整策略

> 小提示
>
> 生鲜商品多属于非标准化的季节性商品,鲜活生鲜品又易腐烂变质,因此要在现存生鲜供应链和采购环境之下,真正发挥生鲜经营在商场(超市)中作用,对于生鲜采购工作是个极大的挑战。

6.3　生鲜采购的特点

由于生鲜商品本身的特点，相应地生鲜商品的采购也具有自己一些特点，具体如下。

6.3.1　复杂性

由于图6-7所示三个方面的原因，生鲜商品采购的不确定性、复杂性加大。

1. 由于生鲜商品价格变动较大，这就造成了采购人员市场采价困难，同时也增加了对采购人员吃拿回扣的控制的难度

2. 由于生鲜商品质量难以标准化，这使得采购部门对厂家的质量比对和控制困难，同样也给采购人员降低质量以谋取个人私利留下了空间

3. 由于季度性很强，再加上农业产品靠天吃饭所造成的产量不确定性，这使得对生鲜商品的采购的品种和数量的预测困难

图6-7　采购复杂性的原因

6.3.2　风险性

由于生鲜商品，特别是生鲜三果，经营成本、损耗大，操作复杂，如果采购管理不慎，就有可能使商场（超市）因经营生鲜商品而出现亏损或加大亏损，难以为继。这也是许多商场（超市）想经营生鲜商品，却又不敢贸然进入的一个原因。

6.3.3　规模性降低

由于生鲜商品保质期短，有的仅1～2天，再加上许多商场（超市）未形成规模经营，这使得生鲜商品的采购半径缩短，使得许多商场（超市），特别是跨地区经营的商场（超市）门店不得不自行采购商品，降低了连锁经营在统一集中采购上所能获得的规模效益。

6.4 生鲜采购的模式

按分类的方式不同,生鲜商品采购的模式也不同。

6.4.1 按采购的集权程度分

按采购的集权程度分,可分为分权式采购和集权式采购两类。

(1) 分权式采购。分权式采购方式是指由各店商品部自行采购生鲜商品,其优缺点如图6-8所示。

采购具有相当弹性,较具市场针对性;价格由门店自定,机动性强,有较好的经营主导权;较能符合消费者需求

较难发挥大量采购、以量制价的功能;利润很难控制;无法塑造连锁经营的统一形象

图6-8 分权式采购的优缺点

> **小提示**
> 分权式的采购组织,由门店自行采购,它多适用于门店之间分布较广的连锁企业,并且它适宜保质期相对较短的生鲜商品,如蔬菜中的叶菜、鲜活水产等。

(2) 集权式采购。集权式采购,是把采购权集中在总部,由专职的采购部门来负责,采购权不下放。门店采购无决定权,但有建议权。其优缺点如图6-9所示。

连锁店不负责采购,可专心致力于搞好门店销售工作;可发挥集中议价功能,有利于降低采购成本;价格形象一致,利润较易控制;促销活动易于规划,易掌握货源

门店工作弹性小,较难满足消费者的需求;采购工作和销售工作较易脱节

图6-9 集权式采购的优缺点

> **小提示**
>
> 总部采购是连锁超市非食品以及食品中干杂食品的最常用的采购方法。在生鲜商品上，它较多地运用于门店较为集中的企业，特别是局限在某一城市的连锁企业，在品种上，它比较适宜保质期较长的品种，如冻肉、冷冻水产品等。

6.4.2 按采购区域分

商场（超市）的采购模式按采购的区域划分，可分为当地采购和跨地区产地采购，如图6-10所示。

当地采购

当地采购的生鲜商品主要是为了保鲜而不适于远途运输的生鲜商品，采购渠道又可分为农产品批发市场和城市周围农产品生产基地及餐饮采购网

跨地区产地采购

跨地区产地采购的生鲜商品主要是可以在一定时间和距离内远途调运，或者经过保鲜加工处理的生鲜的食品

图6-10 不同的采购区域

图示说明如下。

（1）需当地采购的商品主要包括：蔬菜中的叶菜类；按照政府规定必须从当地肉联厂采购的鲜肉类产品；淡水养殖的鲜活水产品；部分副食产品（豆腐和豆制品，以及当地制作的新鲜糕点和熟食制品等）；各种半成品凉菜和切配菜等。

（2）可跨地区产地采购的商品主要包括：具有耐储存特点的大宗蔬菜（大白菜、洋葱、土豆和冬瓜等）；部分果实类水果（柑橘、苹果、香蕉和箱装水果等）；冷冻水产品；干鲜产品和保鲜封装的加工制成品。

6.5 生鲜商品采购的渠道

生鲜商品与一般商品不同的地方是进价弹性大，它受到季节、气候、气温、节气、节假日、媒体报道、病虫害、市场供需、规格、等级、质量、数量……影

响而起伏变化，甚至在批发市场，一日之内就能产生数种价格。如何压低进价？对于生鲜而言，供应链的选择占有绝对关键性的因素。目前，商场（超市）生鲜商品的采购主要以图6-11所示的四种主要模式作为进货渠道。

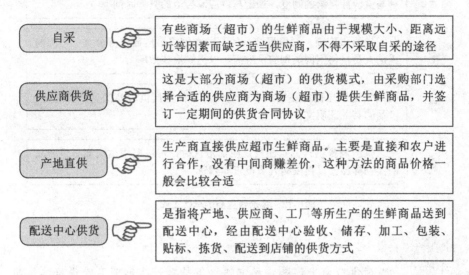

图6-11　生鲜商品的进货渠道

6.6　生鲜采购的流程

为了提高采购效率，明确岗位职责，有效降低采购成本，商场（超市）应规范生鲜商品的采购流程。具体流程如图6-12所示。

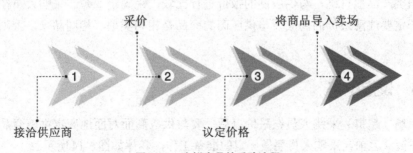

图6-12　生鲜商品的采购流程

6.6.1　接洽供应商

与供应商进行接洽是商场（超市）商品采购活动的第一步，在这一步骤中通常要进行以下具体工作（图6-13）。

1 确定接待日。为了提高商场（超市）采购工作的效率，有必要建立一种与供应商接洽的制度，规定与供应商接洽的具体时间

2 分类接洽供应商。要根据商品的不同类别将供应商进行分类，不同的采购人员接待不同类别的供应商，以提高洽谈效率

3 明确规定供应商应提交的有关资料，具体包括供应商的生产许可证、产品的有关证明文件等

4 要求供应商提供样品。在与供应商洽谈时，可以要求供应商提供商品的实物样品，以便采购人员检查和判断

图6-13　接洽供应商的具体工作

> **小提示**
>
> 坐等供应商上门是一种方法，但是对于生鲜商品来说价格、品种变化较大，采购人员应主动前向批发市场、生产基地了解情况，这点对新开张的商场（超市）尤为重要。

6.6.2　采价

采价就是商场（超市）采购人员在收到了供应商的产品报价以后，到市场上了解同类产品的价格，与供应商的报价进行比较，来确定取舍。采购人员在采价时，一定要注意采价的商品要与供应商的商品是相同类型、相同品项，否则就没有可比性。

6.6.3　议定价格

商场（超市）采购人员在采价以后，要与供应商面对面地商定供应商品的价格。在商议之前，采购人员要做一定的准备工作，具体如图6-14所示。

6.6.4　将商品导入卖场

采购人员在确定了供应商以后，要将准备采购的商品经过规定的程序进行报批，一经通过，就要着手导入卖场，具体包括图6-15所示的工作。

1. 要通过各种途径了解供应商向其他商场（超市）的实际供货价

2. 再具体分析本商场（超市）的经营优势和劣势，以增加自己在价格谈判中的砝码，为本企业争取到最优的供应价格

3. 事先应该确定一个可接受的最高价格，超过这个价格就应该果断地放弃，再寻求其他供应商

图6-14　议定价格需做的准备工作

1. 根据商场（超市）的规定为商品确定一个代码，以便对商品进行统一管理

2. 建立商品档案。要将商品的品名、规格、代码、所属部门等资料录入商场（超市）的计算机系统中，便于经营者及时了解该商品的销售情况，进行恰当的进销调存决策

3. 首次进货。首次进货必须由采购人员亲自负责，集中进货，熟悉采购通道，了解供应商的实情，一旦发现不妥，及时调整采购方案，使商场（超市）免受损失或少受损失

图6-15　将商品导入卖场的工作内容

6.7 生鲜采购量的控制

生鲜商品按其保质期的长短可分为二类：一是保质期较长的可压库的商品，如冷冻食品；另一种是保质期较短不能压库的产品，需当日购进当日销售，如各种鲜活食品。对待上述两类产品，在采购量的控制上应采取不同的方式。

6.7.1 可压库商品采购量的控制

这类商品采购量的控制，关键在于最小库存量和最大库存量的确定。
（1）最小库存量。

可根据电脑资料中滚动的 N 天的销售量计算出某一商品的日平均销售量，再根据商品到货和加工配送的周期来确定最小的压库天数。如果一张订单发下去，3天内能到货，再加上加工配送的时间2天，则压库时间为5天。其计算公式为：

最小库存量＝某类商品日平均销售量×（厂家将商品送达配送中心的天数＋配送中心进行加工的天数＋配送中心将货送达门店的天数＋卖场中陈列量可销售的天数）

对一些没有组建配送中心的连锁企业，其计算公式为：

最小库存量＝某类商品的日平均销售量×（厂家将商品送达门店的天数＋门店进行商品加工的天数＋卖场中陈列量可销售的天数）

这是最小库存商品量，如果实际库存低于这个数，可能会造成商品脱销。在实际中可在计算机管理软件开发时，在程序中设置预警措施，一旦实际库存量临近或低于最小库存量，电脑系统进行预警报告。

（2）最大库存量。

最大库存量的确定要综合考虑图6-16所示的三方面因素。

图6-16 确定最大库存量要考虑的因素

图示说明：

① 根据库容量来确定。根据当前保鲜设备的容量来计算库存量，如果一个冷库可存放10吨食品，分摊给每种食品的库存容量是多少即可算出，这就是最大库存量。

② 根据保质期来确定。其计算公式为：最大库存量＝（保质期－厂家将商品送达门店天数－门店进行加工的天数）×日平均销售量。

③ 根据最大采购资金预算量来确定。其计算公式为：最大库存量＝预算资金÷商品单价。在最小库存和最大库存之间，商场（超市）可根据厂家发货的批量大小以及相应的价格折扣、运输费用来确定一个合理的量值作为每次采购的批量值。

6.7.2 鲜活食品的采购控制

鲜活食品不能压库，没有最大、最小库存量的限制，必须力争当天购进当天售出。其理论采购量等于日平均销售量。但是实际运作中可能会有一些商品无法当日全部售出，因此，计算公式为：

采购量＝某日销售预测值－前日商品库存值

鲜活食品一般采用签订永续订单的形式，签订一份合同，可以分多次交货。对于由总部（或配送中心）集中进货的，总部有了永续订单后，门店可以根据这张订单来填补补货申请单，并实时传到总部，总部经过审核后，将各个门店所需的鲜活食品的品种、数量汇总，然后发送给各个供应商。对于由门店自行订货的，程序也大致相同，由门店直接向供应商订货，只是中间少了总部汇总审核这一环节。

6.8 生鲜采购合同的内容规定

生鲜商品采购合同内容除了商品的品种、数量外，还应对图6-17所示的问题进行规定。

图6-17 生鲜商品采购合同的内容规定

6.8.1 配送问题的规定

生鲜商品主要是供给日常生活所需，要求商品周转很快。此时如欲保证充分供应，就必须依靠供应商准时配送商品。因此，通常在采购时，对图6-18所示的问题就要和厂商在合同中予以规定，并要清楚规定厂商若违反了规定必须承担的责任。

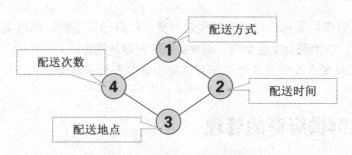

图6-18 相关配送问题的规定

6.8.2 缺货问题的规定

对于厂商的供货,若出现缺货的现象,必然会影响生意。因此应规定一个比例,要求厂商缺货时应承担的责任,以保证厂商能准时供货。

比如,容许厂商的欠品率为3%,超过3%时,每月要付1万元违约金等。

6.8.3 商品品质的规定

进行商品采购时,采购人员应了解商品的成分及品质等是否符合政府卫生部门或工商行政等部门的规定。但因为采购人员的能力并不足以判断各种商品的成分,因此在采购时,必须要求厂商在合同中做出保证符合政府法律规定的承诺,并提供政府核发合法营业的证明,以确保在商品销售中不会出现问题。

6.8.4 价格变动的规定

生鲜商品价格变动较大,在鲜活食品签订永续订单时,要对未来价格变动的处理做出规定,如在价格上涨时,要在调整生效前通知商场(超市)并经商场(超市)同意方为有效等。

6.8.5 付款的规定

采购时,支付货款的日期是一种采购条件,在合同中须对付款方式有所规定。

比如,对账日定在每月的哪一天、付款日定在哪一天、付款是以人员领款方式还是转账方式等均要有准则,并请厂商遵守。

6.8.6 退货的规定

商场(超市)最感头痛的问题便是退货,厂商送货很快,但退货却不积极。但若不退货,店的利益就会受损,因此必须制定退货规定。

比如,规定出现哪几种情况下可退货、费用如何分摊等。

6.9 生鲜供应商的管理

对生鲜商品供应商的管理可从图6-19所示的几个方面着手。

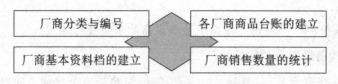

图6-19 生鲜商品供应商的管理

6.9.1 厂商分类与编号

生鲜商品范围比较广泛,故应对厂商进行分类管理。

比如,分成果蔬类的供应厂商、日配类的供应厂商,再依各类别来编号,给予每一个厂商一个编号。这种部门分类编号大概到4位就可以了,如某公司是果蔬类的厂商,而果蔬类的部门分类码为3,则可以将公司编成3001来辨识管理。当然也可以用更细的分类码作为代号,但总的来说,商场(超市)应对厂商进行分类管理并给予每一厂商一个代码,以便于电脑管理。

6.9.2 厂商基本资料档的建立

商场(超市)将每一供应厂商的基本资料,包括公司名称、地址、电话、负责人、资本额、营业证、营业额等,建立基本资料卡,由电脑存档并管理,以便随时可以查阅。

6.9.3 各厂商商品台账的建立

商场(超市)对同一厂商所供应的商品的进价、售价、规格、数量、毛利率等商品资料要建立台账,进价或规格有所变更时要及时修改。

6.9.4 厂商销售数量的统计

商场(超市)对每家厂商的产品的销售量、销售额必须予以统计,作为议价谈判的筹码。

 相关链接

生鲜商品的采购技巧

诚信是企业的根本,质量是企业的生命。对于商场(超市)的生鲜来说,采购是保证商品物美价廉的最重要的环节,销售是保证企业获利的必要手段。

下面一起来分享一下商场（超市）生鲜商品的采购技巧。

1. 采购前给自己"把把脉"

自古兵法有云："知彼知己，百战不殆。"商场亦是战场，充分了解自己的竞争对手，充分了解自己的商品受众对生鲜商品的认可程度、购买欲望以及购买能力和各方面因素可能带来的影响等，是使自己立于不败之地的前提。

（1）价格

价格是采购前最应注意的事项，顾客对我们的要求永远是"物美价廉"，所以采购前一定要先调研市场生鲜商品的价格，以及周围的受众能接受的价格区间，切勿盲目，一定要理性地看待。商场（超市）要根据周围的市场情况、竞争对手情况，顾客的实际情况，以及历史同期的销售状况确定商品的采购价格定位，让调研真正落到实处，切勿道听途说，这样才能做到有的放矢、对症下药。

（2）数量

订货量在很大程度上取决于前期的调研数据和采购员的经验，然后再根据往年同期的销售情况和现在的实际情况，以及周边的消费群体的实际情况，同时判断该商品是否受天气气候的影响，是否有媒体的影响，是否有病虫害影响等，从而确定进货量。进货量把握的准确与否同样是商场（超市）经营成败的关键，特别是生鲜这一类特殊的商品，有很容易就腐败的特点，因此人们对此类商品十分谨慎。这种特殊情况下，如果计算不准确势必会造成"量太大难消化，量不够肠胃瘦"的结果，所以切忌好大喜功，盲目虚夸。

（3）质量

关于质量无需多言，还是那句话"质量就是生命"，没有质量的价格都是枉然，没有质量的数量都是空谈，没有质量的商品无异于害命抢钱。

2. 采购中给商家"摇摇头"

所谓给商家"摇摇头"，即在采购过程中不要让商家牵着鼻子走，不要听商家的一面之词，以免误入圈套。采购员要对采购前的"把脉"熟记于心，然后根据实际情况因时而定、因势而定，既要按照一定的标准，也不可缺少灵活运用。

（1）望

望，是指到达采购地点后首先要观望一下整体趋势，把握宏观概念，基本划定自己所购产品的区域，不要急于出手，但要做到心中有数。

（2）问

问，就是要多咨询商家或采购的同行们，主要咨询产品的质量、商家的诚信、采购同行对商家的满意度等几个方面，锁定几家符合要求的商家，保证企业"五证"要齐全，检验检疫要有效等。

（3）触

触，就是通过触摸观察找到在质量上符合自己的要求的产品。以购买阳澄湖大闸蟹为例，在采购时要特别注意阳澄湖大闸蟹的如下特点：饱满度方面是否有空洞感？蟹背是否为青色有清爽感？肚皮是否为白色且有光泽？爪尖是否为金黄色？蟹螯上的绒毛是否密而软且呈浅黄色？如果都符合要求即可。

（4）谈

谈，也就是和商家谈具体的采购事宜，这就要给商家"摇摇头"，不要让商家牵着鼻子走，不要急于肯定商家的各种意见或建议，要用各种方式尽量压低商家的价格。比如，向商家提出商品质量一般，不好销售，采购量大等能使商家愿意降价的理由（应根据实际情况），最后使自己能圆满地完成采购任务。

3. 采购完给损耗"瘦瘦身"

完成了采购之后，采购的商品就属于商场（超市）了，而就在商品属于商场（超市）的那一刻，损耗已经随之而生。生鲜产品的损耗对毛利的影响很大，这也是生鲜经营最困难的部分，能把生鲜损耗降低，生鲜的毛利也就更容易达到目标值。然而，生鲜的损耗却无处不在，流程中的每一个环节都会产生损耗，采购、订货、验收、搬运、储存、加工、陈列等一系列的环节都要加倍小心，否则损耗就来找你了。

（1）搬运

同样以阳澄湖大闸蟹为例来说明，阳澄湖大闸蟹由于极不耐碰撞或挤压，在搬运和运输过程中要多加注意，避免堆叠过高或不正确的方式堆放，造成外箱堆放支撑不住的掉落毁坏。

（2）验收

一定要保证收货人员的专业性，充分了解生鲜特殊商品的收货方式。

（3）存储

生鲜产品最明显的特征就是生命周期短，特别是阳澄湖大闸蟹这种鲜活产品，在堆放时一定要做好标号，保证货品的先进先出，把损耗降到最低。

（4）加工

大闸蟹由于在运输过程中绳索很容易脱落，所以很多需要二次加工，加工过程中一定要保证人员的专业性，防止损耗发生。

> 总而言之，一种哪怕是再简单不过的商品经营，都绝对不是一个简单的买卖行为，而是一个系统的工程，系统中的任何一个环节出现问题都会影响整个销售链条。所以，做好每一个环节至关重要，成功源于时时处处认真，失败也许只是因为一点点的粗心。

6.10 生鲜的网上采购

对企业来说，采购直接影响着生产经营过程、企业效益，并构成企业竞争力的重要方面。而网上采购是一种适应时代发展的先进采购模式，具有公开、透明、快捷和低成本等特点，能够有效地避免采购过程中的腐败和风险，提高采购效率。

6.10.1 网上采购的优势

相对传统采购来看，网上采购作为一种先进的采购方式，其优势主要体现在以下几个方面（图6-20）。

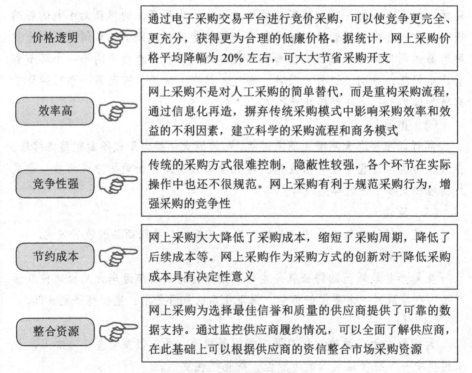

图6-20 网上采购的优势

6.10.2 网上采购的流程

互联网络可以优化企业的采购活动,在线采购系统就是利用计算机网络软件系统,使采购活动规范化和程序化,提高采购效率,降低采购成本,保证企业的生产和经营活动顺利进行。网上采购流程如图 6-21 所示。

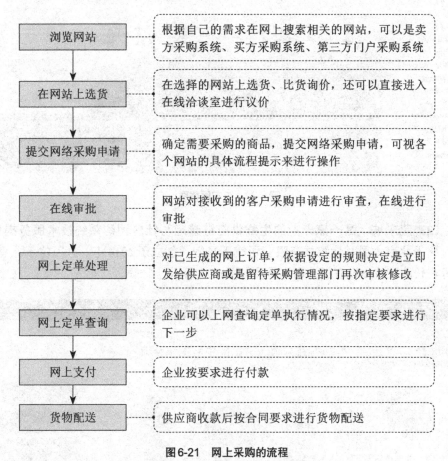

图 6-21 网上采购的流程

6.10.3 主要的采购平台

生鲜商品的网上采购平台有很多,这里主要介绍惠农网、蔬东坡、宋小菜这三个平台。

(1)惠农网。由湖南惠农科技有限公司开发运营,是国内领先的农业 B2B (企业对企业)产业互联网平台。惠农网平台囊括水果、蔬菜、畜禽肉蛋、水产、农副加工、粮油米面、农资农机、种子种苗、苗木花草、中药材十大类目,涵盖

2万多个常规农产品品种。具体如图6-22所示。

图6-22 惠农网截图

（2）蔬东坡。是一家专业的生鲜供应链管理与社区团购系统技术服务提供商，属于北京木屋时代科技有限公司旗下品牌，创立于2014年，总部位于北京，同时在长沙、杭州设有子公司。具体如图6-23所示。

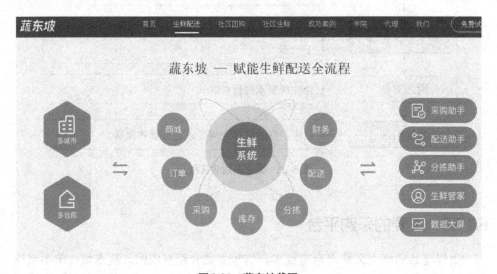

图6-23 蔬东坡截图

蔬东坡专注为生鲜农产品流通行业的社区团购运营商、配送商、批发商、半成品加工商、餐饮管理公司和生鲜连锁门店提供生鲜配送ERP（企业资源计划）

解决方案和SaaS（软件即服务）服务。同时，蔬车坡为企业运营管理提供大数据支持，优化工作流程，提升企业协同工作效率，帮助企业搭建精细化、一体化、协同化的高效率运营管理模型。

（3）宋小菜。创立于2014年12月，是开放、创新的数字化生鲜产业服务平台，为用户提供数字驱动的生鲜供应链解决方案。具体如图6-24所示。

图6-24　宋小菜截图

在交易履约过程中，宋小菜积累沉淀买家、卖家、商品、物流、价格五大核心数据库。依托核心数据库，宋小菜自主开发各类移动互联网工具，为上游生产组织者提供物流调度、加工存储、农产品价格行情、农业供应链金融等多样化的产业服务，拓展生鲜产业服务领域，提供生鲜供应链全产业解决方案。

同时，宋小菜打造开放平台，连接生鲜产业各相关机构和从业者，各取所需、各展所长，形成共创共赢的健康产业生态。

第 7 章
生鲜加工管理

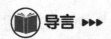 导言 ▶▶▶

生鲜果蔬、鱼、肉等商品,其形状大小、规格均不同,经过加工处理后,展现出价值感、丰富感与鲜度感,从而激起顾客的购买欲望,这便是生鲜加工处理的最佳表现。

7.1 果蔬加工处理

对果蔬进行初步加工处理，既利于鲜度保持，也可提高商品价值、提高毛利，同时也方便顾客挑选，进而促进销售。

7.1.1 蔬菜分类处理

蔬菜分类处理的具体要求如表7-1所示。

表7-1 蔬菜分类处理要求

序号	类别	具体操作
1	叶菜类	（1）去除枯萎、折断的叶子 （2）切去老化根部 （3）洗去泥土、沥干并风干水分 （4）理齐分捆用捆扎带捆扎上货（图7-1） （5）结球叶菜可直接去除外层枯萎、折断的叶子后上架陈列，或用保鲜膜包装后上货
2	根茎类	（1）刷除泥土，削整叶柄，分出形状大小；可直接散装陈列，也可用包装网袋盛装，以袋售卖 （2）茎类要去除枯萎梗、折断茎和泥土，理齐分捆用捆扎带捆扎 （3）较细小的蔬菜可直接投入周转箱散装售卖（图7-2），也可用透气袋包装售卖
3	花果类	（1）切去老化梗，去除泥土，把腐烂、虫咬的剔除，上货 （2）较大的冬瓜、南瓜，切段用保鲜膜包装（图7-3） （3）花菜可用保鲜膜包装，如西兰花 （4）水果可用托盘包装（图7-4）
4	菇菌类	（1）去除泥土、污物，挑出腐败变黑的 （2）用透气袋分装，也可用托盘盛装（图7-5）、用保鲜膜包装
5	调味品类	（1）葱、青蒜等去腐叶，分把捆扎好 （2）鲜姜去泥土用托盘盛装，用保鲜膜包装，也可用网袋盛装 （3）蒜去泥土、外皮，可用网袋盛装（图7-6）

图7-1 包扎好的叶菜

图7-2 放入周转箱售卖的豆芽

图7-3 分切好的南瓜

图7-4 用托盘包装好的水果

图7-5 用托盘包装好的菌菇

图7-6 用网袋包装好的蒜头

7.1.2 盒装蔬菜处理

对于体积较大的蔬菜，如大白菜、冬瓜等，为便于销售，可以切半装盒。辣椒、小西红柿、金针菇、菜豆等一般是直接装盒。

盒装蔬菜处理步骤如图7-7所示。

第一步	将清洗好整个或者切成片的蔬菜放到一次性使用并且能够作降解处理的盒子里
第二步	在盒子上面蒙上一层保鲜膜，这样有利于蔬菜的保管
第三步	在盒上贴上价格标签

图7-7 盒装蔬菜处理步骤

但盒装蔬菜在处理时,应注意以下事项。

(1)要将待装蔬菜清理干净,有的需要用水洗,如莲藕、红薯等;有的则不能用水洗,因为这样易腐烂,如叶菜类和花菜类蔬菜。

(2)要根据不同的蔬菜种类,考虑是整体包装还是切成片或块包装。

(3)盒装蔬菜在摆放时不要彼此堆压,要平铺在柜台上(图7-8)。未能及时销售的蔬菜,根据其保质期和质量情况采取不同措施进行处理。

图7-8 放入冷藏柜陈列的盒装蔬菜

7.1.3 散装蔬菜处理

对于体积较大、不太容易用盒包装的蔬菜,如芹菜、大葱、菜心、西芹、韭菜等,应事先分成小份,并用捆扎绳扎好(图7-9),贴上标签,标明重量以及相应的价格再进行销售。

图7-9 捆扎好的韭菜

散装蔬菜处理技巧如图7-10所示。

1. 要注意将它们清理干净，再包扎成捆，重量要适中

2. 捆扎的力度要松紧适宜，太松容易散落，太紧则蔬菜捆扎部分容易腐烂

3. 对于那些没能及时销售出去的蔬菜，要注意及时对商品进行拣选，并重新包装，防止商品出现变质

图7-10　散装蔬菜处理技巧

7.1.4　水果加工处理

水果的加工处理一般有水果加工、果盘加工等情况。

（1）水果加工。水果加工的要求如图7-11所示。

1. 按质量要求对进货进行挑拣，将次质商品剔除

2. 将质检后的商品，用规格一样的包装盒或包装袋进行分装，用打包机进行热膜包装

3. 用电子秤打价并把标签贴在统一的位置上，如贴在包装袋的正中间或包装盒的右上角

4. 清洁设备、清除水果垃圾、清理工作区域

图7-11　水果加工的要求

（2）果盘加工。果盘加工的要求如图7-12所示，实际加工好的果盘如图7-13所示。

| 清洗、消毒 | → | 选择正确的刀具，并对砧板、刀具进行清洗、消毒 |
| 质检、分切 | → | 对水果进行质检，选择质量合格者清洗干净后削皮，分切果肉为几何形状 |

图7-12　果盘加工的要求

图7-13 加工好的果盘

下面提供一份××超市果蔬加工处理作业规范的范本,仅供参考。

【范本】

果蔬的加工处理作业规范

一、目的

为增加果蔬的商品价值,对其进行加工处理,特制定本规范。

二、适用范围

门店生鲜部果蔬员工。

三、工作程序

1.蔬菜加工处理

品名	处理包装
小白菜 (白菜)	(1)去除枯黄叶、老化叶、小叶、折断叶 (2)将整理完成的小白菜过称,分小份,每份250~300克 (3)将完成包装的小白菜分别过秤后贴上标签、放在陈列架上售卖
空心菜	(1)用刀切去根部及组织老化部分 (2)用水洗去叶面及茎部的泥土,去除黄叶 (3)沥干水分后,将整理好的空心菜用胶带捆好过秤,分成小份,每份250~300克 (4)贴标价签,放在陈列架上
芹菜	(1)清洗根部及茎部的泥土 (2)去除折段的茎 (3)过秤,分成小份,每份250~300克 (4)用胶带捆扎好,贴上标价签,放在陈列架上

续表

品名	处理包装
茼蒿	（1）去除枯黄叶及损伤叶 （2）去净泥土，再将整理好的茼蒿过秤，分成小份，每份250～300克 （3）用胶带捆扎好，贴上标价签，放在陈列架上
大白菜	（1）用刀切除凸出的茎部以及绿色外叶 （2）用保鲜膜直接包装好，贴标价签售卖
豆苗	（1）去掉老化的叶子 （2）过秤，分小份，每份150～200克 （3）用托盘或塑料袋套装、封口 （4）标价后放在架上销售
香菜	（1）用水洗净根、茎、叶上的泥土 （2）去除枯黄的叶子 （3）沥干水分 （4）装盒（100克）用保鲜膜包装 （5）贴标价签售卖
油菜	（1）用水洗净泥土，去根 （2）去掉枯黄的叶子，沥干水分 （3）过秤，分小份，每份250～300克，并排列整齐 （4）用胶带捆扎茎部，使其成束状 （5）贴标签后放在架上售卖
萝卜	（1）用丝瓜布洗去污泥 （2）用刀整修叶缨，并沥干水分 （3）用胶带捆扎 （4）贴标签后放在架上售卖
胡萝卜	（1）放入水中，用丝布洗去污泥 （2）用刀修整叶柄，并沥干水分 （3）用保鲜膜将2～3根包在一起或打盒贴标签售卖
青葱	（1）用刀切除根部，但不要切到葱白部分 （2）留约5厘米长的茎叶，其余可切除 （3）用塑料袋包装4～5根，或用胶带捆扎茎的中间部分 （4）标价后上架售卖
洋葱	（1）用手剥除即将脱落的外膜 （2）按大小分级 （3）用塑料袋包装，并封口 （4）标价后上架售卖

续表

品名	处理包装
韭菜	（1）去掉枯黄的叶子 （2）按每份250～300克过秤，分成小份，根部对齐 （3）用胶带捆扎好，贴标价签上架售卖
姜	（1）用水洗净，沥干水分 （2）用生鲜盘盛装，并用保鲜膜包装 （3）贴标价签上架售卖
苦瓜	（1）每条直接用保鲜膜分装 （2）过秤后贴标签上架售卖
四季豆	（1）除去细小的豆类 （2）用托盘包装打上保鲜膜 （3）贴标价签上架售卖
玉米	（1）用刀切去老梗，去除外茎，仅剩3～4片叶子，使1/4的玉米展出 （2）去除遭受病虫及未成熟的玉米 （3）以2根为单位，直接用保鲜膜分装上柜销售
辣椒	（1）用湿布擦去污泥 （2）按"小的3个，大的2个"的方式，用保鲜膜打包 （3）过秤贴标签售卖

2. 水果加工处理

品名	处理包装
香蕉	（1）采收后加工追熟 （2）整串香蕉，用刀切成4～6根为一小串 （3）用刀切去每一小串的茎头 （4）置于托盘上，用保鲜膜包装，或用胶带捆扎中间部位 （5）过秤标价后，置于常温柜上销售
木瓜	（1）用布擦拭表皮 （2）磅重后，将标价纸贴于果体上，也可先用胶带捆扎果实中间部位，再将标价纸贴在胶带上面 （3）果蒂朝下，尾端朝上，竖立于常温柜上销售
凤梨	（1）用胶带捆扎果实中间部位 （2）磅重后，将标价纸贴在胶带上 （3）头朝下，尾朝上，竖立于常温柜上销售

续表

品名	处理包装
杨桃	（1）用 M2 托盘盛装二颗杨桃，用保鲜膜包装 （2）磅重标价后，置于开放式冷藏柜上销售
柠檬	（1）用干布擦拭表皮，使之亮洁 （2）依大小分成二级 （3）用 M2 托盘盛装 4 个或 6 个，以保鲜膜包装 （4）磅重后，置于冷藏柜上销售
葡萄柚	（1）用干布擦拭果皮，使之亮洁 （2）按大小分成二级 （3）用 M5 托盘盛装 4 个，或 M2 托盘装上 2 个，用保鲜膜包装；或用红色网袋装，约 1.8 千克 （4）标价后，置于开放式冷藏柜上销售
番石榴（芭乐）	1. 国产芭乐 （1）依大小分成二级 （2）大果用 M2 托盘装 2 个，小果用 M3 盘装 4 个，用保鲜膜包装 （3）磅重标价后，置于冷藏柜上销售 2. 泰国芭乐 直接标价于所包的白色网袋上，如没有白色网袋，可直接用保鲜膜包装，标价后，置于开放式冷藏柜上销售
莲雾	（1）依色泽及大小先分级 （2）同等级者用 M11 托盘盛装 6 个，用保鲜膜包装 （3）磅重标价后，置于开放式冷藏柜上销售
香瓜	（1）初产期，用干布擦拭表皮，依大小分成二级，用 M1 托盘盛装 2 个，用保鲜膜包装，磅重标价后，置于冷藏柜上销售 （2）盛产期，用干布擦拭表皮，陈列于常温平台上，由顾客取包装袋装填，论斤销售
西瓜	1. 较小西瓜 （1）用干布擦拭表皮 （2）磅重后，将标价纸贴于果皮上，置于常温平台上销售 2. 无籽西瓜 （1）无籽西瓜果实较大，用干布擦拭表皮 （2）用西瓜刀切成两半 （3）用保鲜膜包装，磅秤标价后，置于开放式冷藏柜上销售 3. 大西瓜 （1）用干布擦拭表皮 （2）用西瓜刀切成两半或 4 片，每一片用保鲜膜包装，磅秤标价后，置于开放式冷藏柜上销售

续表

品名	处理包装
洋香瓜	（1）先用布擦拭表皮 （2）用胶带捆扎果实中间部位 （3）磅重后，将标价纸贴于胶带上面 （4）熟度高者置于开放式冷藏柜上销售，熟度低者置于常温或平台上销售
枣子	（1）用布擦拭果粒 （2）依果粒大小分成二级 （3）用M2托盘盛装枣子，排列整齐，蒂部朝上，尾部朝上，用保鲜膜包装 （4）磅重标价后，置于开放式冷藏柜上销售
小番茄	（1）用水洗去表皮的污泥 （2）沥干 （3）将小番茄盛放在托盘上，用保鲜膜包装 （4）磅重标价后，置于开放式冷藏柜上销售
荔枝、龙眼	（1）用剪刀剪去落果的枝，剔除不良果粒 （2）左手握枝，取600克左右，使果粒靠近，右手拿塑胶带捆扎枝处 （3）用剪刀整修，使上部的枝平齐 （4）也可用网袋套装已捆扎的原料 （5）磅重标价后，置于开放式冷藏柜上销售

7.2 肉类加工

肉类的加工处理是指原料肉经过收验货后，在操作间切割加工、分装的过程，其程序如图7-14所示。

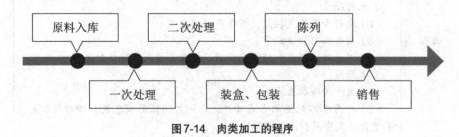

图7-14 肉类加工的程序

7.2.1 原料入库

不同原料入库的处理要求也各不相同。

（1）猪肉。对猪肉的入库处理，具体操作如图7-15所示。

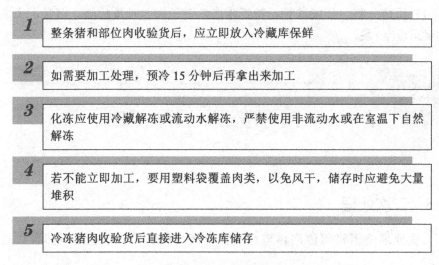

图7-15　猪肉的入库操作

（2）鸡肉。对鸡肉的入库处理，具体操作如图7-16所示。

图7-16　鸡肉的入库操作

（3）牛肉。牛肉在入库加工处理时，真空冷藏牛肉应防止大量堆积，若是冷藏裸肉则须以塑料袋覆盖，以免风干，储存时应避免大量堆积，影响品质；冷冻牛肉直接进入冷冻库储存。

7.2.2 一次处理

肉类一次处理是指家畜、家禽屠体的分切过程。对于新鲜肉类需要按照类别、等级进行分割加工，其分割要求如下。

（1）基本分割。将半边家畜分成后腿、中段、前肩等3块，前肩应从颈骨开始至第四根与第五根排骨之间断开，中段应由第五根肋排到尾骨缝隙处切断，后腿应从尾骨缝隙处开始。

（2）前肩分割。分成前蹄、大骨、扇骨、肋排、前小排、夹心肉、带皮前腿、优质前腿8块。

（3）中段分割。分成梅肉、里脊、板油、五花肉、特级肋排、脊骨、软骨等块。

（4）后腿分割。分成龙骨、特级瘦肉、腱子肉、带皮后腿、筒骨、去皮后腿、优质瘦肉7块。

执行一次处理通常需使用剔骨刀、片刀、剁骨刀等工具。

7.2.3 二次处理

二次处理是指将部位肉再进行分切，使其商品化的过程，具体操作要求如下。

（1）执行二次处理须使用锯骨机、切片机、绞肉机等机器，以及用剔骨刀、片刀、剁骨刀等工具。

（2）将细分成的肉类修整、去皮、去油膜或再分切成块状、片状或绞肉馅等。

（3）为提高肉类的利用率，减少损耗，可在肉类尚未劣变以前，进行再加工，如制作香肠、调味、肉馅等。

7.2.4 装盒、包装

肉类装盒、包装时的具体要求如图7-17所示，实际效果如图7-18所示。

1. 肉类装盒时不得高于包装盒的高度
2. 为衬托商品，可于盒中加上各种形式的山形叶，以美化肉类
3. 要注意包装大小依顾客需求而定

图7-17 肉类装盒、包装的要求

第7章 生鲜加工管理

图7-18 用托盘包装好的猪肉

下面提供一份××超市白条猪分割作业程序的范本,仅供参考。

【范本】

××超市白条猪分割作业程序

1. 白条肉整齐摆放在肉案上,用砍刀将前后肘棒砍下,要求准确、整齐。

2. 用砍刀将尾骨与脊骨相连处砍开,注意应下刀准确有力,一次砍下。将五花肉与后臀尖表面相连处一块肉用刀尖划开,使其与五花相连,分离开后尖以后,用刀尖顺砍开刀口处将尾骨、后尖与整片白条猪肉分开。

3. 用砍刀将颈骨、前排与脊骨相连处砍开,准确下刀,一次砍开。将五花肉与前臀尖表面相连处一块肉与前臀尖分开,用刀尖顺砍开处直线割下,使颈骨、前排骨臀尖与五花肉、通脊、脊骨、肋排分开。

4. 经以上工序后,一片完整的白条猪已经一分为三,初步分割已经完成。

5. 尾骨、猪尾与后臀尖的分割剔法如下。

(1) 依尾骨、猪尾与后臀尖生长走势用刀尖划开,并使之分离。

(2) 将尾骨与棒骨凹凸槽划断,使尾骨与棒骨完全分开。

(3) 将尾骨前段与后臀尖相连处骨肉分开,尾骨全部剔下。

(4) 注意:

① 充分了解骨头生长方向,做到心中有数;

② 下刀准确,迅速干净,不拖泥带水;

③ 骨中有肉,适量即可。

6.后臀尖中棒骨、后肘骨与后臀尖剔骨分割方法如下。

（1）将后臀尖表面精瘦肉用刀片下。

（2）将后臀尖放好，使棒骨前端外露，下刀依棒骨长势，刀背紧贴棒骨，纵向划开，使骨肉分离，继续下刀将后肘骨与棒骨余下相连部分分割开，至此骨肉完全分离。

（3）标准：棒骨上可少量带肉。

7.骨与五花、通肌的分割方法如下。

（1）用刀尖将排骨下方根部与五花肉相连部位轻划开，不应过深。

（2）手腕外翻，使刀倾斜，顺划开方向向里前行，使骨与肉分开，做到排骨不露骨，五花不露白。

8.骨、脊骨与通脊的分割方法如下。

（1）排骨与五花肉完全分开后，便到了与通脊相连处，刀尖平行，刀背紧贴排骨，准确下刀将通脊与排骨上方划开，骨肉分离。

（2）上方分开后，用手将排骨立起，只有通脊侧面与骨相连，将平行的刀立起，将相连部分割开。

（3）注意：脊骨上可少量带肉，保证里脊侧面不用二次修复，且不影响通脊美观与质量。

9.前排、颈骨与前尖的分割方法如下。

（1）将前排与前尖相连处轻轻划开，骨与肉稍有分离。

（2）剔刀上侧贴骨，与缝前行，将颈骨前排与前尖分开，颈骨带肉不可过多，不应划伤肩胛肉。

（3）前排可少量带肉，不应露骨。

10.前尖骨与肉的分离方法如下。

（1）先将肩胛肉割下，连肉带皮。

（2）从前肘方向纵向划刀，划开后扇骨、肘子骨外露，刀尖插入，刀背紧贴骨头，依骨走势将骨与肉分开。

（3）注意：

①清楚了解骨头方位；

②准确下刀，合理用刀；

③骨上带肉，适量即可。

11.五花肉与通脊的分离方法如下。

（1）将五花肉硬肋边缘割开，整齐划下，肥油、膘去除即可。

（2）将五花边缘与通脊相连部分切开，使两部位分离。

（3）用刀将通脊底部与肥腰相连部分划开后，顺势将通脊与肥腰分开。

12.经以上工序后，白条肉分割已经基本完成，整块原料待细加工切割后出售。

7.3 水产品加工

为了更好地服务顾客，大多数的商场（超市）在售卖水产品时，都会帮助顾客进行加工处理。水产品加工分为一次处理与二次处理。

7.3.1 一次处理

水产品的一次处理程序包括去鱼鳞、去鳃及内脏、清洗这三道加工处理程序。

（1）去鱼鳞。去鱼鳞的具体操作步骤如图7-19所示。

第一步	将鱼体与台面呈平行状态，鱼的腹部朝人，以左手按住鱼头，右手拿刮鳞器以逆鳞的方向，由鱼的尾部向头部去刮鳞片，如果腹部、鳍部有较细鳞片的必须用刀尖割除
第二步	有较细鳞片的鱼也可用钢刷刮鳞片
第三步	处理鱼的反面时，同样将鱼体与台面平行，背部朝人，逆向刮除鱼鳞

图7-19 去鱼鳞的步骤

（2）去鳃及去内脏。去鳃及去内脏的操作步骤如图7-20所示。

第一步	鱼头朝右边，以右手持杀鱼刀，左手按住鱼体，将鱼鳃的根部切离鱼头
第二步	将杀鱼刀的刀锋从鳃的边缘插入，并顺着边缘割开鱼鳃
第三步	将鱼腹朝上，切断相反的鳃和头的接合处

图7-20

第四步	打开鳃盖到能够切到鱼腹的程度,将杀鱼刀插入鱼鳃盖下,进行切开鱼腹的动作
第五步	以杀鱼刀的刀尖切开鱼腹至肛门的部位,注意不要伤及鱼卵或鱼胆等内脏物
第六步	用拇指和食指轻轻地将鱼鳃掀起,以杀鱼刀的刀尖顶住凸形部位,将鱼鳃轻轻拔除,使鱼鳃与鱼头部分离
第七步	鱼鳃切除之后,取出内脏,在肛门附近位置切除

图7-20　去鳃及去内脏的操作步骤

(3)清洗。在这个阶段的作业中,鱼鳞、黏液、血块等都必须用清水冲洗干净,特别是腹腔内背上肉发黑的部分,要完全进行清除。

7.3.2　二次处理

经过一次加工处理后,用消毒过的干毛巾擦去附在鱼身表面的水分,然后再做商品化的作业。水产品以刀具做切割及修整成商品的作业称为二次处理,具体操作如表7-2所示。部分水产品处理处用托盘包装,具体如图7-21所示。

表7-2　水产品二次处理的操作

序号	类别	操作	适用范围
1	整体鱼或全鱼	保持鱼体的原形而包装成的商品,称为全鱼或整条鱼	秋刀鱼、多春鱼、章鱼、黄花鱼、平鱼等
2	半处理鱼	经去除鱼鳞、内脏、未再进行切割作业即包装成商品	各类淡水鱼及鱼体较小的海水鱼
3	片鱼	半处理鱼以刀去除鱼头后,将杀鱼刀从尾部或背脊部纵切成上、下二片的处理	虱目鱼等
4	三片鱼	用杀鱼刀再去除二片肉中带有脊椎骨的处理而成片肉	用于切生鱼片
5	段块肉	半处理鱼去除头部、尾部后,用杀鱼刀沿鱼体横切成1～2厘米宽的鱼片或切成7～10厘米长的块肉	—
6	鱼排	三片肉中去脊椎骨的二片肉切成0.5～1厘米厚的鱼片	三文鱼排、鲩鱼排等

续表

序号	类别	操作	适用范围
7	生鱼片	鱼排中较新鲜而且不含血和肉的部分，切成厚0.5～1厘米、宽2.5～3.5厘米、长4～5厘米的小鱼片，做生吃用	—
8	鱼干	水产品经熟食或以盐腌的方式加工而成的商品	马友鱼、红鱼等
9	鱼头、鱼骨	比较新鲜的鱼头及鱼骨，可以切成块状，用于煮鱼汤	—

图7-21 用托盘包装好的水产品

7.4 熟食（面包）加工

制作熟食（面包）的原物料（新鲜品、冻品）进入卖场后，第一时间进入冷藏、冷冻库储存，新鲜品须用保鲜膜盖住，避免干化。待加工制作时再从冷藏、冷冻库取出处理。

7.4.1 熟食二次变鲜方法及实际操作

二次变鲜指的是加工制作的商品当天未销售完，商品无任何变质，但卖相欠佳，报损不符合条件，第二天不能以正常商品贩卖的商品。在这种情况下，为减少损耗，须经过再加工成另外一种商品，再贩售。

（1）烤鸡。当天未售卖完的烤鸡，第二天可以把整只烤鸡砍成鸡块，然后再加上调料（干尖椒、花椒）制作成为辣子鸡丁再行出售。也可以把鸡块与其他蔬菜配置成一道小菜做成便当（盒饭）售卖，或制作成炸鸡块再售卖（烤鸡腿、烤鸡翅与烤鸡处理方法相同）。

（2）烤排骨。把当天未销售完的排骨砍成一小段一小段，然后加上调料用火炒成一道小菜，做排骨盒饭（便当）出售。

（3）炸鸡腿、鸡翅。把当天未售完的鸡腿、鸡翅，用手把鸡腿、鸡翅外表皮的炸粉削掉，然后把鸡腿、鸡翅放到卤水里卤成卤鸡翅、卤鸡腿，做鸡腿盒饭（便当）销售，也可做卤鸡腿、鸡翅出售。

（4）卤制品。一般情况下，为了保持卤制品的新鲜度，托盘内应加卤水汁，要经常做翻面的动作，以维持鲜度（图7-22）。当天未销售完的卤制品，第二天可以切成片制成凉拌菜出售，或者切成片（段）调上卤汁包装好后再销售。

图7-22　制作好的卤菜

7.4.2　熟食配菜的制作与应用

熟食制作加工的配菜可以称之为主料，就是将经过初步加工和刀功处理成形的原料，根据菜肴的质量和要求以及其色泽、口味、烹调方法，做出科学合理的搭配，使配成的菜肴色泽美观、美味可口、形态美观、富有营养，这称为熟食配菜。

配菜的基本要求如图7-23所示。

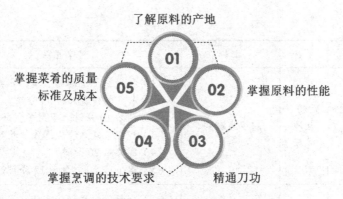

图7-23 配菜的基本要求

下面提供一份××超市熟食制作加工的范本,仅供参考。

【范本】

××超市熟食制作加工

名称	主料	配料	制作过程
凉拌腐竹（豆皮）	干腐竹（豆皮）	盐、味精、醋、酱油、胡椒、香油、椒油、红油、蒜、姜	（1）泡腐竹（豆皮）30～50分钟 （2）飞水15分钟 （3）切成小段状 （4）放配料均匀搅拌5～10分钟
凉拌笋尖	干笋	盐、味精、香油、椒油、红油、葱、醋、酱油	（1）泡干笋50～60分钟 （2）飞水15分钟 （3）切成笋丝状 （4）加配料搅拌均匀
凉拌海带丝（海苔丝）	海带（海苔）	盐、味精、椒油、葱、姜、蒜、酱油、香油	（1）清洗海带（海苔） （2）泡10～15分钟 （3）取出、切丝 （4）加配料搅拌均匀
鲜肉包	面粉、鲜猪肉	糖、发酵粉、盐、味精、酱油、椒粉、姜、植物油	（1）和面：把发酵粉、糖、水按比例加到面粉中，用和面机和30分钟 （2）制馅：鲜肉洗干净，用绞肉机铰肉馅，加入配料制好 （3）打面10分钟，下剂子，每个50克 （4）做皮，包鲜肉馅 （5）发酵20分钟，放入笼中 （6）蒸：用笼蒸10～12分钟，熟即可

续表

名称	主料	配料	制作过程
豆沙包（莲蓉包）	面粉、豆沙（莲蓉）	糖、发酵粉、	（1）和面：把发酵粉、糖、水按比例加入面粉中，用和面机和30分钟 （2）打面10分钟，下剂子，每个50克 （3）打皮，包豆沙（莲蓉）放入笼中 （4）发酵约20分钟 （5）蒸：用笼蒸10～12分钟，熟即可
馒头	面粉	糖、发酵、	（1）和面：把发酵粉和糖、水按比例加入面粉中，用和面机和30分钟 （2）打面10分钟，做成细条状，用刀切成馒头 （3）发酵约20分钟 （4）蒸：用笼蒸8～0分钟，熟即可
腌菜包	面粉、猪肉、腌菜	糖、发酵粉、盐、味精、酱油、姜、植物油	（1）和面：把发酵粉、水、糖按比例加入面粉中，用和面机和30分钟 （2）制馅：把鲜猪肉绞成肉末，腌菜洗净，切碎，挤干水分，放到锅中炒几分钟，将腌菜、肉末同油和配料均匀搅拌 （3）打面10分钟，下剂子，每个50克 （4）做皮，包腌菜馅，放入笼中 （5）发酵20分钟 （6）蒸，用笼蒸10～12分钟，熟即可
卤牛腱（卤牛腩）	牛腱（牛腩）	盐、味精、酱油、花椒、紫兰、桂皮、丁香叶、八角、大回、小回、（辣椒）、芝麻、香菜	（1）将冷冻牛腱、牛腩放入解冻池，解冻1小时 （2）清洗，粗切 （3）飞水20分钟，去腥去血 （4）用调料配制好卤水汁 （5）将牛腱（牛腩）放入卤汁卤1小时，至熟为止 （6）放入芝麻、香菜末以拌匀
卤牛肚	牛肚	盐、味精、酱油、花椒、紫兰、桂皮、丁香、香叶、八角、大回、小回（辣椒酌情加）	（1）将冷冻牛肚放入解冻水池解冻45分钟 （2）清洗干净 （3）飞水20分钟，去腥 （4）将牛肚放入调好卤水汁，卤1小时，至熟为止

续表

名称	主料	配料	制作过程
卤猪心	猪心	盐、味精、酱油、花椒、紫兰、桂皮、陈皮、丁香、香叶、八角、大回、小回、大料	（1）将冷冻猪心解冻30分钟 （2）清洗干净 （3）飞水10分钟，去腥 （4）将猪心放入调制好卤水汁中卤45分钟，至熟为止
卤猪耳	猪耳朵	盐、味精、酱油、花椒、紫兰、桂皮、陈皮、丁香、香叶、八角、大回、小回、	（1）将猪耳朵解冻 （2）清洗干净 （3）飞水5分钟，去腥、去毛 （4）将猪耳朵放入调制好的卤水汁中卤45分钟，至熟为止
卤口条	猪舌	盐、味精、酱油、花椒、紫兰、丁香、桂皮、陈皮、香叶、八角、大回、小回	（1）将口条解冻 （2）清洗干净 （3）飞水10分钟 （4）放入已调制好的卤水中卤40分钟，至熟为止
卤鸡肫	鸡肫	盐、味精、酱油、花椒、紫兰、丁香、桂皮、陈皮、香叶、八角、大回、小回、辣椒	（1）将鸡肫解冻 （2）清洗干净 （3）飞水2分钟 （4）放入调好的卤水汁中卤45分钟，至熟为止
卤凤爪	鸡爪	盐、味精、酱油、花椒、紫兰、丁香、桂皮、陈皮、香叶、八角、大回、小回、辣椒、红油、椒油	（1）将冷冻鸡爪解冻 （2）洗净，并切去爪尖 （3）飞水2分钟 （4）鸡爪放入已调制好的卤水汁中卤45分钟，至熟为止 （5）用红油、椒油拌匀鸡爪
卤鸭掌	鸭掌	盐、味精、酱油、花椒、紫兰、丁香、桂皮、陈皮、香叶、八角、大回、小回、辣椒	（1）将冷冻鸭掌解冻 （2）洗净鸭掌 （3）飞水2分钟，去腥 （4）将鸭掌放入已调制好的卤水汁中卤制45分钟，至熟为止

第8章
生鲜陈列管理

 导言 ▶▶▶

> 　　生鲜是商场（超市）的主力商品之一，虽然带不来太多利润，但能够吸引大量顾客，促成连带购买行为。而生鲜的陈列则直接影响到商场（超市）的整体经营。生鲜陈列要注意两个问题：一是新鲜，二是干净。生鲜种类繁多，就必须掌握好一些基本的陈列方法和技巧。

8.1 生鲜陈列的标准

商品是在反反复复的形象维护中销售出去的,所以商品的陈列美观和卖相至关重要。生鲜陈列的标准如图8-1所示。

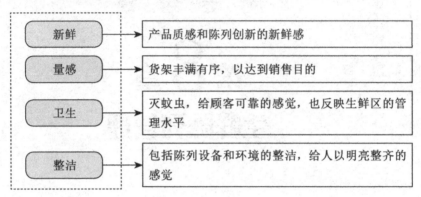

图8-1 生鲜陈列的标准

8.2 果蔬的陈列

通常,果蔬的营业额占商场(超市)生鲜整体营业额的15%～25%。在商场(超市)里,果蔬的品项一般在50～100种之间,随季节而变化,顾客可以从中挑选购买自己所喜爱的品项。而卖相对果蔬的销售很重要,因此果蔬的陈列直接影响商场(超市)整体的经营业绩。

8.2.1 果蔬陈列的基本原则

果蔬陈列的基本原则如图8-2所示。

图8-2 果蔬陈列的基本原则

（1）分类原则。一般按"区域分类—大分类—中分类"进行。

① 蔬菜按叶菜类、花果类、根茎类、菇菌类、调味品类及加工方式等分开陈列。

② 水果按瓜类、柑橘类、苹果梨类、桃李类、热带水果类及礼盒类分别陈列。

③ 形状相似、大小相似的相关品项相邻陈列。

叶菜类要随时喷水加湿，并避免通风陈列，防止蔬菜失水、萎缩，如图8-3所示。

图8-3　给叶菜加湿

（2）质检原则。

① 果蔬在销售区域进行陈列之前，必须进行质检程序；确保所有货架上的商品符合优良品质的标准，体现出果蔬经营的"新鲜"宗旨。

② 营业期间，对销售区域上陈列的商品进行质检，一旦发现腐烂、变质的果蔬，要第一时间挑拣出来。

（3）丰满陈列原则。果蔬的陈列要丰满、货多、起到吸引顾客、货优价平的作用，坚决杜绝缺货、少货。

（4）色彩搭配原则。果蔬的颜色丰富、色彩鲜艳，陈列的颜色适当组合、搭配，能充分体现出果蔬的丰富性、变化性，既能给顾客赏心悦目、不停变化的新鲜感，又能较好地促销所陈列的商品，这一点是果蔬陈列的技巧所在。

比如，绿色的黄瓜、紫色的茄子、红色的西红柿的搭配，红色的苹果、金黄色的橙子、绿色的啤梨搭配，都将产生五彩缤纷的色彩效果。具体如图8-4所示。

图8-4 不同颜色水果搭配陈列

(5)降低损耗原则。

①在陈列时必须考虑不同商品的特性,选择正确的道具、方法、陈列温度,否则将因不当的陈列而造成损耗。

比如,桃子比较怕压且容易生热,所以陈列时不能堆放。

②陈列面积必须与周转量成正比,且比例适当。若陈列面积过大,则果蔬在货架的滞留时间长,易造成损耗;若陈列面积过小,则每日补货的次数频繁,会降低人员的劳动效率。

③陈列时间必须小于该品种当前温度、湿度、品质状态所能维持的生命期。

(6)先进先出原则。先进选出是指先到的货物先陈列销售,特别是同一种在不同时间分几批进货时,先进选出是判断哪一批商品先陈列销售的原则。果蔬的周转期短,质量变化快,坚持这一原则至关重要。它是生鲜商品经营的普遍性原则和一般性原则。

(7)季节性原则。果蔬的经营具有非常强的季节性,不同的季节有相应的水果、蔬菜上市,因此,果蔬的陈列应因时而变,将新上市的品种陈列在明显的地方,更好地满足顾客的需求。

(8)清洁、卫生原则。

①卫生主要指水果、瓜菜是否干净,无泥土、杂草等。通过对果蔬的自行加工及对净菜的推广来保证其整洁、干净。

②区域、设备、陈列用的器具是否清洁卫生。

(9)标识清楚正确原则。果蔬的标识要做到以下几点:

①标识牌与陈列的设备相匹配;

②标识牌变价的方式满足果蔬的频繁变价的特性;

③标识位置与商品的位置一一对应;

④ 标识的品名与陈列商品一致（图8-5）；
⑤ 标识的价格、销售单信息要正确无误，与系统一致。

图8-5　标识的品名与陈列商品一致

8.2.2　果蔬陈列方式

常见的果蔬陈列方式有以下几种。

（1）整齐陈列。整齐陈列是任何商品陈列最基本的原则，其作用就是通过整齐摆放，让果蔬区更显整洁，并且也更便于顾客挑选。具体如图8-6所示。

图8-6　整齐陈列效果图

（2）堆积陈列。将同类果蔬堆积在一起，顶层商品数量较少，底层商品数量最多，呈现出"满"的感觉，还有一定的立体感，吸引顾客前来购买。具体如图8-7所示。

图8-7 堆积陈列效果图

（3）包装陈列。将精品果蔬用保鲜膜包好，再整齐码放在果蔬架上，有效防止顾客翻动造成损坏，还能凸显与众不同的精品品质。具体如图8-8所示。

图8-8 包装陈列效果图

（4）创意陈列。将形状、颜色各异的果蔬以不同的造型做陈列，活跃果蔬区气氛，打破单调沉闷的形象。创意陈列是一个能对顾客产生吸引力的好方法。具体如图8-9所示。

图8-9　创意陈列效果图

（5）分层陈列。将同类果蔬一层层码放在一起，既体现量感，又能呈现整齐美观的展示效果。但要注意的是，分层陈列的果蔬架最好有较高的围栏，防止果蔬滚落。具体如图8-10所示。

图8-10　分层陈列效果图

商场超市卖场服务与生鲜管理

（6）平铺陈列。平铺排列的重点是将蔬菜的根茎分别对齐，使其根齐叶顺，有序地并排放置在一起，给人留下美观整洁的印象。具体如图8-11所示。

图8-11　平铺陈列效果图

（7）分类陈列。不同的果蔬要分类摆放在不同的果蔬筐里，这样既方便顾客挑选，也让果蔬商品的陈列更有秩序，不会显得杂乱无章。具体如图8-12所示。

图8-12　分类陈列效果图

8.2.3 果蔬陈列架的选择

商场（超市）内不同的区域有不同的陈列方式，相应的货架也有不同的选择。果蔬陈列架的选择应考虑以下几个因素。

（1）考虑果蔬的基本特性。生鲜商品较为特殊，不适宜采用常规的双面超市货架或单面超市货架做陈列，必须用到专用的果蔬货架；并且与果蔬直接接触的层板、展示框等最好不要用铁制或木制的，避免生锈或腐坏。

（2）考虑果蔬的摆放位置。

① 靠墙摆放。将果蔬架摆在靠墙位置，就意味着果蔬展示是单面的。一般适合采用既能合理利用商场（超市）空间，又不会影响果蔬展示的单面果蔬货架。

② 居中摆放。如果是摆放在中间区域的果蔬货架，可以有两种选择：一是利用陈列面积更大的超市双面果蔬架陈列，方便过往顾客挑选所需果蔬；二是利用超市果蔬展示篮打造生鲜堆头，给顾客带来视觉上的冲击。具体如图8-13所示。

图8-13 利用果蔬展示篮陈列蔬菜

8.2.4 果蔬陈列区注意事项

（1）注意果蔬间的色彩搭配。新鲜果蔬色彩鲜艳，如果能合理搭配，会在超市果蔬区形成一道亮丽的风景线。反之如果果蔬间在色彩上胡乱搭配，只会影响顾客的视觉感受。

（2）注意水果间的化学反应。有些水果释放的化学物质会与其他水果发生化学反应。比如：苹果释放的乙烯气体会加速西瓜熟烂；香蕉会加速其他果蔬的成熟速度；黄瓜与能释放乙烯的西红柿放在一起会加速变质等。类似这样的果蔬要避免陈列在一起。

（3）注意随时洒水保持新鲜。有些早上就上架的果蔬卖到中午可能就蔫了，这时就要及时洒水保持果蔬的新鲜程度，让货架上的果蔬任何时刻都能呈现出最好的状态。

（4）注意不同果蔬的不同陈列要求。受果蔬不同性状的影响，在陈列时要注意区别对待。只有考虑到了果蔬的不同陈列要求，才能尽量降低损耗。

比如：苦瓜、韭菜怕挤压，应少量陈列；芋头、土豆怕湿，陈列位置要干燥；苹果、柑橘及各种瓜类商品都应在果蔬架上铺一层垫毯再陈列。

（5）不是所有果蔬都适合放进冷柜。为了让果蔬拥有更长的保鲜期，有些商场（超市）的果蔬区可能还会用冷柜来陈列果蔬。要注意的是，并不是所有果蔬都适合放进冷柜，比如桃子、香蕉、芒果等放进冷柜可能会影响口感，甚至加速变质。

8.3　水产品的陈列

一般水产品的销售通常都是"无言"的销售方式，水产品被置放于小型海鲜池，并无销售人员在旁销售。那么，该如何在这种"无言"的销售方式下，激起顾客的购买欲，以达到促销效果？这就要借助陈列面的装饰、表面颜色、商品品质、排放的丰富感及整齐度。其中，水产品的陈列最主要的是根据销售状况及商品特性来陈列，以顾客易选、易看、易挑、易拿为基本原则。

8.3.1　水产品陈列方法

商场（超市）的水产品一般采用以下几种陈列方法。

（1）全鱼集中法。全鱼集中陈列的方向要考虑到当地的习惯及美观，通常以鱼头朝内，鱼尾朝外，鱼腹朝边、鱼背朝里的方向摆放。此陈列法运用于中小型鱼陈列，具体如图8-14所示。

（2）段、块鱼陈列法。鱼体较大的鱼无法以全鱼来商品化陈列，必须以段、块片状加工处理后（以符合消费者一餐用完的量）来搭配增加美感。

（3）生动化陈列。将鱼体以倾斜方式植入碎冰中，其深度不得超过鱼体的1/2宽度，依序排列，显示活鲜鱼在水中游走的新鲜感及立体美感，且能让顾客容易看到、摸到，任意选择。具体效果如图8-15所示。

（4）平面陈列法。刺身鱼肉的切口是鲜度的标志，不可以重叠陈列，应予平面陈列，以防止降低商品的鲜度感。

图8-14 全鱼集中陈列效果

图8-15 生动化陈列效果

（5）色彩显示陈列。根据水产品本身的表面颜色、鱼纹、形状组合陈列，可以吸引顾客注意力，提高购买率。

（6）品种陈列。按水产品的不同品种分开陈列，如浅海鱼、深海鱼等具体如图8-16所示。

图8-16 按品种陈列

> **小提示**
>
> 鲜鱼陈列时，可以铺生菜、红辣椒等色泽鲜艳的蔬菜来点缀商品，以起到吸引顾客注意力的作用。

8.3.2 水产品陈列基本要求

水产品的陈列应满足图8-17所示的要求。

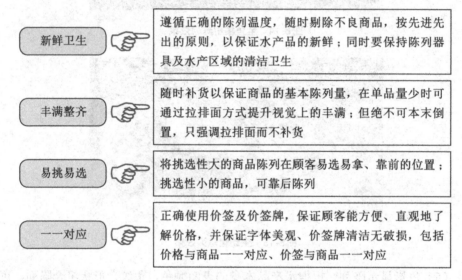

图8-17 水产品陈列基本要求

8.3.3 水产品陈列器具使用规范

水产品陈列器具使用规范如图8-18所示。

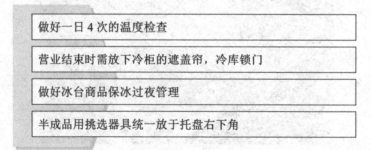

图8-18 水产品陈列器具的使用规范

8.3.4 水产品冰台陈列步骤

为了让水产品看起来新鲜，商场（超市）应利用冰台陈列出各种水产品。冰台陈列的步骤如下。

（1）布置冰台并做好规划。布置冰台先要在台面上铺洒一层冰，这层冰不需要铺实，方便融化的冰水从冰台底部排出。在向冰层上铺列生鲜产品前，要事先划定每种生鲜水产的大致区域，最好要进行划线以作标识。什么品种的水产要放在什么位置、放多少以及做哪一种造型等，都需要提前有所规划。

（2）将水产品合理铺列在冰台上。做好冰台规划后，就需要开始在冰层上陈列生鲜水产。在陈列过程中，一边上货，一边将不合格的产品筛出装箱，这些不合格产品最后一并销毁处理。当已经上满足够多的水产后，下一步就是对水产在冰台上的造型进行优化，突出游动感，给消费者产品新鲜的感觉。需要注意的是，冰台上可以加一点绿叶蔬菜、鲜艳果实等，增加冰台的美观性。具体如图8-19所示。

图8-19　冰台陈列效果图

（3）养护冰台陈列的水产品。作为完整的生鲜水产冰台陈列步骤，还包括陈列持续过程中和陈列结束的操作。陈列时，不定时地在产品表面洒水、洒冰，保持生鲜水产的湿度和冰度，防止脱水风干或升温变质。生鲜水产冰台陈列在喷水加湿时，可以考虑喷冰盐水，一方面盐水可以更好地为生鲜水产补充水分，另一方面配合灯光的照射，喷冰盐水的水产品显得更有光泽度，更能吸引消费者购买。

8.4 肉类的陈列

肉类的陈列是为销售做准备工作,为方便顾客购物,肉类的陈列要放在易拿、易看、易选择的地方。整齐而美观的陈列,更能吸引顾客,提高顾客购买欲望,增加销售,减少商品损耗。

8.4.1 营业前的准备工作

(1)为迎接第一批顾客到来,开店前肉类陈列量要丰满,排面要整齐,要检查排面上的肉类,如果有品质不好的肉类应及时处理,包括肉类是否发生变质,包装是否完整,标示是否完整明确,肉汁或血水是否渗出等。

(2)商品种类要丰富,以便利性、多样性、变化性为原则。

(3)冷藏肉类陈列时单品要以单层、纵向为陈列原则,避免肉类重叠而影响冷气对流及挤压造成变形。

(4)卧柜陈列肉类时不得超出安全陈列线。

(5)肉类的标识要面向顾客,使顾客容易了解肉类的包装日期、单价、售价及重量。

(6)陈列时每一单品要用分隔板隔开,以明确种类,方便顾客挑选。

(7)牛、羊、猪、鸡、鸭、内脏等,要单独陈列一区域;系列肉类要陈列在一起。

(8)为突出肉色,展示柜的照明适合采用能发出浅红色灯光的灯管,以衬托肉类。棚板也可以铺上红色万通板,并经常擦拭干净。

(9)生、熟肉类必须分开存放,以避免互相污染细菌,造成肉类变质较快。随时检查品质,如有变色、变味及时挑出处理。

(10)肉类陈列时尽量将同样品质的肉陈列在一起。不同品质的肉类带菌多少也不一样,不良肉类和正常肉类放在一起,正常肉类变质速度就会加快。

肉类陈列的具体效果如图8-20所示。

图8-20 肉类陈列效果图

8.4.2 营业中的注意事项

（1）要定时检查冷柜温度并记录。冷藏柜温度要控制在-1℃到3℃；冷冻卧柜一般在-18℃以下。如发现温度差异较大，又不是除霜时间，及时通知相关人员查看结果，视情况将肉类收回冷库，避免损耗。

（2）经常整理排面，始终保持排面整齐，并将肉类随时向前移动，避免前排有空隙，并及时补充货源。

（3）补货时新品要置于排面的后排，肉类放在排面前排，以维持先进先出的原则。

（4）包装不良品应立即换包装，在顾客挑选当中，肉类会遭到挤压出血水或保鲜膜脱落，这些情况都应立即处理。

（5）根据销售量不同，补货时要分三个时段陈列肉类。通常开店时陈列品面要充足，陈列数量要达到当日总销售量的40%～50%，叫作一次开店。中午时补货量为一天销售量的40%，叫作二次开店。傍晚时补货量为一天销售量的10%～20%，叫作三次开店。

（6）立式冷藏柜陈列肉类时应注意陈列顺序。通常立柜上段为小盒包装或畅销的肉类，中段通常是季节性商品，下段通常为体积大或大包装的肉类。

8.4.3 营业结束后的注意事项

（1）冷冻卧柜要加上盖板，以防止冷气外流、温度上升而造成肉类变质。冷藏卧柜里的肉类要收回冷库保鲜。

（2）肉类收回时，要用五段车或八段车盛装，避免肉类挤压在一起而造成肉类变质。家禽类收回后要拆包装敷冰保鲜。

（3）用温水对冷柜清洁卫生，清除血水、肉屑等。

8.5 熟食的陈列

对于熟食类食品，从开始营业到营业结束，都要保证商品的质量和陈列处于最佳状态。

8.5.1 面包类的陈列原则

（1）面包的陈列要遵循大致的分类原则，如普通咸甜面包、全麦面包、点心等。

（2）面包的陈列遵循先进先出的原则，先生产先陈列，商品必须符合质量要求且在保质期范围内。

（3）面包的陈列面积与销售量相匹配。

8.5.2　面包类的陈列标准

（1）单品要分开陈列。

（2）排面上的商品要勤整理，保持道具干净。

（3）每个单品要保证最大货量。

（4）面包要有卖相，保证商品口感，商品呈金黄色。

面包类的具体陈列效果如图8-21所示。

图8-21　面包类陈列效果图

8.5.3　面点类的陈列原则

（1）遵循正确的陈列温度，按规定陈列（常温、加热、冷藏）。

（2）纵向陈列，便于顾客拿取。

（3）所有商品必须在保质期内销售。

（4）遵循先进先出原则。

（5）商品要有卖相，保证商品口感，商品要有新鲜感。

8.5.4　面点类的陈列标准

（1）商品要摆放整齐，并且要保证新鲜。

（2）单品要分开陈列。

（3）排面上的商品要勤整理，保持道具干净。
（4）每个单品要保证最大货量。
（5）油炸商品要有卖相，保证商品口感，商品呈金黄色。
面点的具体陈列效果如图8-22所示。

图8-22　面点陈列效果

8.5.5　自制熟食类的陈列原则

（1）商品必须陈列在正确的温度下。
（2）遵循商品大分类的基本原则，如炸类、烤类、卤水类、面点类等。
（3）熟食类商品的陈列必须经过质量检查，符合要求的才能出售；热熟食要实行小时管理法，即每小时做一次质量检查。
（4）熟食商品的陈列面积必须与销售量相匹配。
（5）散装熟食陈列以丰满、整洁、色泽光亮为标准，包装熟食的陈列以包装整齐、丰满的单层或双层陈列为主。
（6）熟食的陈列环境、陈列方式必须符合商品的陈列要求和清洁卫生要求。

8.5.6　自制熟食类的陈列标准

（1）商品要摆放整齐，并且要保证新鲜。
（2）单品要分开陈列。
（3）排面上的商品要勤整理，保持道具干净。
（4）单品要保证最大货量。
熟食类的具体陈列效果如图8-23所示。

图8-23 熟食类的陈列效果

8.5.7 熟食正常陈列规范

不同种类的熟食陈列规范各不相同。

（1）烧烤类。烧烤类的陈列温度为60℃，销售期限为1天。其陈列要求如图8-24所示。

1	烤烧类商品出炉时间设为营业前
2	烤烧类商品不得挤压
3	烤烧类商品保质期为1天，排面上不得有隔日商品
4	烤烧类商品开店前，加工基本陈列量
5	烤烧类商品每日19:00以后可以缺货，20:00以后可以空排面（海报商品除外）

图8-24 烧烤类的陈列要求

（2）炸类。炸类的陈列温度为60℃，销售期限为1天。其陈列要求如图8-25所示。

第8章 生鲜陈列管理

1. 炸类商品出炉时间为营业前10分钟
2. 炸类商品开店前，加工基本陈列量
3. 海产类商品需装饰（用青、红辣椒过油后直接点缀）
4. 炸类商品保质期为1天，排面上不得有隔日商品
5. 炸类商品每日19:00以后可以缺货，20:00以后可以空排面（海报商品除外）

图8-25 炸类的陈列要求

（3）卤煮炒、酱类。卤煮炒、酱类的陈列温度为0～4℃或常温，销售期限为1天。其陈列要求如图8-26所示。

1. 卤煮炒、酱类商品陈列需装饰（用红油或用青、红辣椒，姜片，葱段，过油直接点缀）
2. 卤煮炒、酱类商品每隔3小时需翻动商品一次，以保持商品的色泽
3. 卤煮炒、酱类商品每日19:00以后可以缺货，20:00以后可以空排面（海报商品除外）

图8-26 卤煮炒、酱类的陈列要求

下面提供一份××超市生鲜食品陈列标准的范本，仅供参考。

【范本】

生鲜食品的陈列标准

一、果蔬陈列

果蔬陈列要求讲究颜色的搭配，如红、黄、绿相间等。此外商品应新鲜、干净、品种丰富、价格合理。

1.蔬菜的陈列标准

（1）蔬菜的所有单品的陈列必须是"侧正面"整齐排列，把其颜色最漂

亮的一面统一朝向顾客。

（2）叶菜部分是根部朝下、叶部朝上；果菜部分是头部朝上、尾部朝下。

（3）要求一个商品一纵行梯形陈列，根据商品销售量确定纵行的宽度。

（4）特价促销商品要堆头和大面积陈列，POP等宣传告示与之对应。

（5）所有的菌类、菇类商品应放统一位置。

2.水果的陈列标准

（1）对于新商品和特价促销商品等需要向顾客展示其内在品质的商品，应将其切开、包装进行展示。

（2）特价促销商品必须保证一个商品陈列一个堆头，宽度保证在1～2米。

（3）高档且易损坏的商品需要包装后进行陈列销售，有条件的可陈列于0～4℃保鲜柜中，销售量不大的商品，要适当控制陈列面和陈列量。

（4）随时注意陈列商品的保养，对坏货要及时下架。

（5）及时补货，覆盖陈列架。

（6）货架商品在8:30～10:30保持2/3丰满；10:30～12:00保持100%丰满；12:00～16:30保持1/3丰满；16:30～21:00保持100%丰满；21:00～22:00保持1/3丰满；做好先进先出，变质的商品不能上货架。

3.鸡蛋的陈列标准

（1）颜色正常、外形协调、个大（蛋清、蛋黄分开不浑浊，新鲜）。

（2）无残留土、泥、草等污物。

（3）无异味，无流清蛋、碎壳蛋、搭壳蛋。

（4）外壳完整、无破损。

（5）如有包装应整洁够分量。

（6）蛋托盘或鸡蛋筐干净、无异味。

（7）打包类的陈列不宜超过3层。

（8）分类摆放，礼盒统一摆放。

（9）所有的标价必须正确，保证每种鸡蛋都有标价。

（10）每个POP必须用POP袋套住，特价POP商品必须标出原价。

（11）所有价格牌、POP必须干净、整齐一致。

（12）搞好清洁卫生，减少恶臭；破损、腐烂鸡蛋即时挑出。

二、水产陈列

水产陈列要求视觉饱满，颜色搭配和谐，装饰有新意，商品摆放有利顾客拿取，不易掉落，干净，品种丰富。

1.冰鲜的陈列标准

（1）新鲜的非活着的水产品是指死亡出水时间较短，新鲜度比较高的水产品。

（2）陈列时在水产品的周围撒上一些碎冰，以确保其质量和新鲜度（覆冰率达75%）。

（3）摆放时整鱼鱼头朝里，鱼肚向上，碎冰覆盖的部分不应超过鱼身长的1/2，不求整齐划一，但要有序，给人一种鱼在游动的感觉，以突出鱼的新鲜感。

（4）一些形体较大的鱼无法以整鱼的形式来陈列，则可分段、块、片来陈列，以符合消费者的消费量。对于这种鱼，应该用不锈钢托盘来陈列，盘底铺上3～5厘米厚的碎冰，冰上摆鱼（覆冰率达75%）。

（5）所有的陈列在摆放时都要露出鱼类明亮的眼睛和新鲜的鱼鳃。

（6）货架商品在8:30～10:30保持2/3丰满；10:30～12:00保持100%丰满；12:00～16:30保持1/3丰满；16:30～21:00保持100%丰满；21:00～22:00保持1/3丰满。

2.活鲜的陈列标准

（1）活鱼、活虾、活蟹等水产品要以无色的玻璃鱼缸进行陈列，水中游曳的鱼虾常常备受消费者的喜爱，它们的价格明显高于死去的水产品。

（2）淡水鱼和咸水鱼要分开陈列。鱼池内的鱼每3立方米的空间不少于5千克陈列量；不能有翻肚的鱼、死鱼、死虾、死蟹在池内。

（3）价格牌正确无误，每一个鱼池至少有一个价格牌。

（4）保持鱼池、海鲜陈列台干净，鱼池玻璃清洁明亮。

3.冷冻类产品的陈列标准

（1）冷冻水产品食用时需要解冻，一般陈列在冷冻柜中。产品的外包装应该留有窗口，或者用透明的塑料纸包装，使消费者能够透过包装清楚地看到产品实体。

（2）冷柜一般应是敞口的，并连续制冷，以确保冷柜内必要的温度水平。

4.贝类的陈列标准

（1）盐干类水产品用食盐腌制过，短期不会变质，例如盐干贝类、壳类等。

（2）水产品应使用平台陈列，以突出其新鲜感、量感。

（3）由于地域的差异，我国部分地区消费者不习惯食用贝壳类水产品，因此商场应提供烹饪食谱，必要时还可以提供烹饪好的食物照片，以增加产品的销售。

（4）贝类需使用平台陈列，突出新鲜感；同时应扩大品种范围。

（5）货架商品在8:30～10:30保持2/3丰满；10:30～12:00保持100%丰满；12:00～16:30保持1/3丰满；16:30～21:00保持100%丰满；21:00～22:00保持1/3丰满。

三、生肉陈列

1. 肉类的陈列标准

肉品的陈列仍要遵守系列化，以使顾客易选、易拿、易看，依家禽、猪肉、牛羊肉三大类来陈列。

（1）商品的摆放整齐笔直、外观干净。

（2）发现包装破损、包装膜松懈的商品应立即返工，重新包装（切记：注意包装日期、保质期）。

（3）同类商品摆放在一起，牛羊肉制品应与猪肉制品分开摆放。

（4）货架商品在8:30～10:30保持2/3丰满；10:30～12:00保持100%丰满；12:00～16:30保持1/3丰满；16:30～21:00保持100%丰满；21:00～22:00保持1/3丰满。

（5）冷冻、冷藏柜的商品应保证价签位置的准确性。

（6）玻璃要干净。

（7）肉类商品可做关联陈列，陈列柜上可放相应的调味品。

（8）包装内有血水时要及时收回，重新打包。

（9）变质商品坚决不能上货架。

（10）肉类商品应每小时整理一次货架。

（11）肉类陈列区域要保证地面无积水。

2. 禽类的陈列标准

禽类陈列应遵循新鲜、干净的原则，保证优良的服务、合理的价格、丰富的品种。

（1）先依次陈列体积大且较重的全鸡及全鸭，如全土鸡、乌骨鸡、全鸭等单品。

（2）再主要陈列切块或切半的鸡、鸭，如鸡翅、鸡翅尖、鸡块、鸡大腿、鸡腿等单品。

（3）最后陈列包装量小的，如鸡肝、鸡胗、鸡肠、鸡脚、鸭掌、鸭心、鸭胗、鸭肠、鸭血等单品，应陈列在小台面，周转快。

（4）商品的摆放整齐笔直、外观干净。

（5）包装内有血水时要及时收回，重新打包。

（6）变质商品坚决不能上货架。

（7）禽类商品应每小时整理一次货架。

（8）禽类陈列区域要保证地面无积水。

3.加工类肉品

加工类肉品的陈列仍要遵守系列化，体积大且重的商品要置于下层，以使顾客易选、易拿、易看。

（1）要保持每一商品的最低陈列量，并整理排面保持整齐。

（2）肉品无变质现象。

（3）包装完整。

（4）标示完整明确。

（5）肉色正常。

（6）肉汁（血水）不渗出。

（7）冷藏肉品的单品以单层、纵向为陈列原则，避免重叠而影响冷气对流及因挤压造成变形。

（8）陈列面不要超越装载线，以免堵塞回风口而影响展示柜的冷气对流。

（9）商品的标示要面向顾客，使顾客容易了解商品的包装日期、单价、总价及重量。

（10）每一单品要以分隔板间隔，以明确种类。

（11）牛、羊、猪等加工类肉品要单独陈列一个区域，系列产品要陈列在一起。

（12）有带灯展示柜的照明需用暖色调灯管，以凸显肉色。

（13）关联性产品不妨在柜前另立架陈列，如烤肉酱、黑胡椒等。

4.营业中肉品陈列应注意事项

（1）定时检视展示柜的温度（每天至少3次），并记录。

（2）每小时整理排面，使之整齐，并随时向前移动避免前排有空隙，以及补充货源。

（3）检视品质，发现变色、变味的商品应即剔出。

（4）分割出的商品，若鲜度不够，可再加工处理，改变商品形态加调味品。

（5）补货时新品置于后排，维持先进先出的原则。

（6）包装不良品，如保鲜膜脱落、血水过多，应立即再包装。

（7）冷冻、冷藏库的温度须每天巡视3次以上。

（8）所有商品按照陈列图进行陈列。

四、面包陈列

面包的陈列遵循先进先出，先生产先陈列的原则，陈列商品必须符合质量要求和在保质期范围内。

（1）分类陈列：分成无糖系列、咸面包、甜面包、配餐面包、早餐面包、夹心面包、花式面包、法式面包、点心等不同种类陈列。

（2）货架商品在8:30～10:30保持2/3丰满；10:30～12:00保持100%丰满；12:00～16:30保持1/3丰满；16:30～21:00保持100%丰满；21:00～22:00保持1/3丰满。

（3）严格把关面包的生产质量、收货质量，使销售的面包处于良好的质量状态。

（4）严格把关保质期的检查，所有商品必须在保质期内销售。

（5）严格遵守先进先出的原则，使商品在最佳的质量阶段销售出去。

（6）对陈列的商品进行质量检查，凡是发霉、破皮、变形、污染、发硬等商品及时收回，不能陈列在货架上。

（7）常温储存的面包，不能挤压和阳光直射。

（8）尽量维持一个合理库存，做到勤订货，以维持面包鲜度。

（9）面包要保持新鲜、口味好，不能被挤压。

五、蛋糕陈列

（1）蛋糕的陈列要遵循正确的陈列温度，必须放在冷藏柜中陈列。

（2）蛋糕的陈列必须遵循先进先出的原则。

（3）蛋糕的陈列一般选择单层或少层纵向陈列方式。

（4）糕点的包装应选用无毒、无异味，符合卫生要求的包装材料，对成品进行简单的外形修整及切割之后即可装袋或装盘。

（5）柜台销售的无小包装的糕点应装盘陈列在清洁的专用陈列柜内。

（6）各类糕点必须使用其专用的包装用具，在成品外包装上加贴标签，标明品名、生产日期、保质期、价格、重量、保存条件等。

（7）各类糕点应标志明显，分类存放。饼干及蛋糕坯应存放在有防潮设施的房间，以防吸湿发生霉变。

（8）经加工制成的奶油蛋糕须冷藏贮存，而且不宜贮存时间过长，一般为4天。

（9）在保质期内因挤压变形等原因影响销售的蛋糕，制作间回收后可二次加工，制作成其他商品。不能再加工的应办理报损，且登记确认。

（10）蛋糕的温度与老化有直接的关系，应在冷藏温度下储存。

（11）蛋糕的陈列区域范围内必须有蛋糕花样手册和蛋糕花样样板，以供顾客选择时有感官的参照。

（12）蛋糕的陈列区域内必须有蛋糕制作的说明标识。

第9章
生鲜销售管理

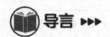 导言 ▶▶▶

　　凭借陈列面的装饰、商品品质、表面颜色、排面的丰富感及整齐感，这种无言的销售方式，能够激起顾客的购买欲，以达到商品促销效果。因此，商场（超市）要做好生鲜食品的销售管理，包括理货、补货、促销等工作。

9.1 生鲜商品排面整理

商品排面管理是商场（超市）的一项基础性管理，商品排面管理不仅是维护排面的清洁、美观及饱满度，而且对补货、标价签的规范也起到重要的作用。在进行排面整理工作时要注意图9-1所示的要点。

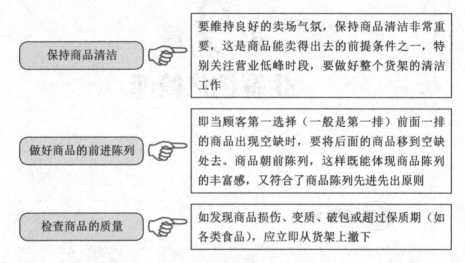

图9-1 排面整理的要点

9.2 生鲜商品补货

补货是指理货员将标好价格的商品，依照商品各自既定的陈列位置，定时或不定时地将商品补充到货架上去的作业。

9.2.1 补货顺序

生鲜商品的补货顺序如图9-2所示。

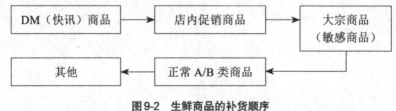

图9-2 生鲜商品的补货顺序

9.2.2 补货流程

生鲜商品的补货流程如图9-3所示。

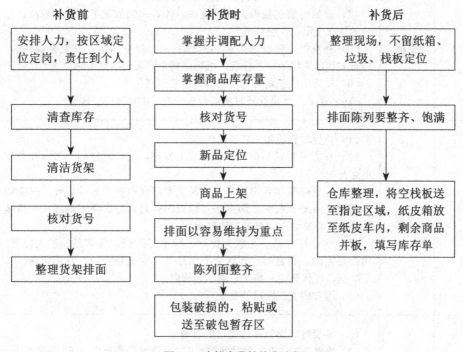

图9-3 生鲜商品的补货流程

9.2.3 补货要求

生鲜商品补货的要求如表9-1所示。

表9-1 生鲜商品补货要求

序号	类别	要求
1	果蔬	（1）补货时要遵循先进先出的原则 （2）整理排面比补货优先，不可因补货不及时而忽略排面整理 （3）存放在库房外的货品先补，然后再补库房内的货品 （4）整理时将不可继续售卖的蔬菜收回，报损，如已变质、受损、破包、过期或接近过期、条码错误或受污的商品 （5）补货前后都必须做好蔬菜陈列架、冷藏柜的清洁，保持良好的商品卖相

续表

序号	类别	要求
1	果蔬	（6）利用地车、周转箱、周转筐等工具补货 （7）货品码放在栈板上时，重的、体积大的放在下层，体积小、易碎的放在上层，交叠码齐 （8）补货时，货品尽可能靠近陈列架，留出通道，以免影响顾客，补货完毕迅速将地车、栈板、纸箱、剩余商品归回规定的位置 （9）补货中注意是否与价格牌、价签对应 （10）蔬菜、水果补货时务必轻拿轻放，不可重摔、碰撞
2	肉类	（1）补货时要遵循先进先出的原则 （2）补货时要以不影响顾客购物为原则，避开高峰期补货，补货要迅速及时 （3）补货时要注意肉的品质，品质不好立即剔除另行处理。排面随时整理，肉类有血水立即擦去，检查肉类是否与价格卡对应、价格是否正确。补货时不可将冷柜出风口挡住 （4）平时补货以不见底为原则，即单层陈列。促销品需扩大陈列，排面要饱满、有量感，要注意空中陈列。晚上补货须注意销售量，以不缺货、可代替性、整齐、清洁为原则 （5）遵守肉类三阶段补货原则
3	水产	（1）补货时应遵循先进先出的原则 （2）水产补货，将陈列时间较长的、品质好的商品先取下，补进新货，再将这部分放在最前面，以保持商品先进先出原则 （3）段块鱼肉与刺身鱼肉均属于鲜度敏感商品，应采用量少勤补的补货原则 （4）水产部的补货先补冰鲜水产品作业，再补冷藏（冻）水产品，最后补水产干货 （5）补货时务必注意水产品的包装日期与质量的变化，核对品名、价格是否一致 （6）鲜度不良的水产品应该立即除去，以免影响其他商品在顾客心目中的印象 （7）冷冻（藏）商品陈列时不可超过安全线（送、回风口），并注意除霜时间及次数 （8）补货完毕，务必清理台面（陈列台）周边水渍或垃圾
4	熟食	（1）补货时应遵循先进先出的原则 （2）一般情况下，待商品销出2/3时，才开始加工生产第二次商品 （3）一般情况下，应是先整理排面，后进行补货动作

续表

序号	类别	要求
4	熟食	（4）堆积在冷藏、冷冻库或者仓库外的商品先优先补货，再补库房内的商品 （5）保质期短的商品优先补货，保持期长的商品后补货 （6）商品品质寿命短的商品或者变质快的商品优先补货 （7）促销品和正常商品同时缺货时，应优先补促销品 （8）自制熟食，补货时要注意杯盘是否干净

说明：

（1）所谓"先进先出"是指先进到卖场的商品首先陈列于排面上贩卖、出售，待销售完后，再陈列后到的商品。

（2）进行货架补货时，应先把里面的旧商品往外面移动，把新鲜刚补的新商品陈列在里面；或把下面（底层）的旧商品移动，把新鲜刚补的新商品放在下面（底层），然后再把旧的商品摆放在新鲜商品的上面售卖。

9.2.4 补货注意事项

生鲜员工在补货时，要注意以下事项。

（1）收掉不可贩卖的商品——已变质、受损、破包、血水渗出、受污、过期、条码有错误或不清楚的商品。

（2）补货前先整理并维持陈列架或冷冻、冷藏柜的清洁，保持良好的商品卖相。

（3）利用托板车、八段车、五段车及各种周转箱等工具补货。

（4）货物叠放在栈板上时，注意重的、体积大的放在下层，体积小、易碎的在上层，尽可能互相交叠整齐。

（5）一人一栈板，纸箱、周转箱均不落地。

（6）补货商品尽可能靠近陈列架，避免影响顾客购物。补货完毕后，速将托板车、栈板、纸箱及剩余商品归回定位。

（7）缺货时请保持空货架状态，并使用"暂时缺货卡"。（日配适用）

（8）补货完毕后须注意价签是否对齐，品名、价格是否正确。

（9）补货时商品要轻拿轻放，避免重摔。

如何做好门店手工补货

大型的连锁企业基本实现系统自动补货,依靠系统数据及时准确的进行补货,而众多的中小型企业则是大多依靠手工进行补货作业,相对自动补货来讲,手工补货存在不少弊端。

一、手工补货几个常见问题

1. 手工补货作业的主体是理货员或促销员,主管只是程序性地按照单子补货。

2. 员工通常只是依照货架商品陈列量的变化为依据,进行简单的补货,随机性强。

3. 员工会忽略仓库商品的存量,造成库存不准确(管理者缺乏日常检查时更严重)。

4. 员工不关注供应商的配送周期,补货时间充满随意性。

5. 因为供应商货源问题,个别单品在员工连续提出 2~3 次补货要求依然没到货的情况下,产生补货源头的单品丢失。

6. 员工将补货单报分管主管后,主管没有做到细致核查补货商品的准确性(补货准确率抽查)。

7. 当员工、主管因为自身原因造成补货工作过失后,店长缺乏及时有效的奖罚制度落实。

二、正确手工补货需要注意的要点

1. 首先掌握单品补货管理的要点:每个类别 20 个品种作为补货管理的重中之重。员工需要熟练掌握分管区域或每个类别 20 个品种的商品,了解具体的商品陈列面积和商品在架量、仓库量。

2. 清楚固定的商品补货提报时间和相对稳定的供应商商品配送周期。

3. 清楚了解商品上一个配送周期的日均商品销量。

4. 维护相对稳定的货架区间商品陈列,不随意进行排面的压缩和扩展。

5. 保证准确的门店商品库存管理系统(财务库存数量必须准确)。

6. 会通过计算基本的商品最低库存和最高库存,确定正确的商品补货数量(敏感单品需要特别重视)。

7. 组织员工进行重点学习——商品补货量的计算。

8. 员工提报补货明细后,管理者要复核补货的准确度(抽查)。

9. 严格落实补货奖罚管理制度。

9.3 生鲜商品计量

计量是指将生鲜品放在电子秤上进行称量。计量的工具有案秤、台秤、字盘秤、电子秤等。在卖场使用的主要是电子秤，电子秤称量商品的操作步骤如图9-4所示。

第一步	使用前应把秤放在平整坚固的台面上，调整好水平（观察水平仪中的水泡是否位于中央），如不平可调整秤脚
第二步	开启电源开关，出现零位指示后，表示秤已进入工作状态
第三步	称重时将商品放在秤盘中央，按数字键输入单价后，商品的重量、单价、金额在显示板上均显示出数字
第四步	如顾客同时购买几种不同价格的商品并要计算总金额时，可在每次放上商品置入单价后，再按一下"累计"键，累计次数和累计金额就在单价显示板和金额显示板上显示出来。这里重量窗不显示。称量完毕，必须按清除键清除
第五步	如在称商品时需要放置包装物，则先将包装物置于秤盘上，按"去皮"键，显示器显示零（如改变皮重或清除皮重，可在更换包装或去掉包装物后按"去皮"键，则会自动改变或清除）
第六步	如输入单价有误，可按"清除"键清除，然后重新输入新单价；也可直接输入新单价，原单价即自动清除

图9-4 电子秤称量商品的操作步骤

9.4 生鲜商品标价

商品标价是指在商品或服务等各项指标基础上标示的价格水平或收费标准，是向消费者公布商品价格和服务的一种方式。

9.4.1 标签打贴的位置

标签打贴的位置通常如下。
（1）一般商品的标签位置最好打贴在商品正面的右上角（因为一般商品包装

其右上角无文字信息），如右上角有商品说明文字，则可打贴在右下角。具体如图9-5所示。

图9-5　贴好标签的商品

（2）礼篮则尽量使用特殊标价卡，最好不要直接打贴在包装盒上，可以考虑使用特殊展示卡。因为送礼人往往不喜欢受礼人知道礼品的价格，购买礼品后他们往往会撕掉其包装上的价格标签，由此可能会损坏外包装，破坏了商品的包装美观。

9.4.2　标价作业的注意事项

标价作业的注意事项如下。

（1）一般来说，门店内所有商品的价格标签位置应是一致的，这是为了方便顾客在选购时对售价进行核对，也是为了方便收银员核价。

（2）打价前要核对生鲜商品的代号和售价。

（3）价格标签纸要妥善保管。为防止不良顾客更换标签，即以低价格标签贴在高价格商品上，通常可选用仅能一次使用的、有折线的标签纸。

（4）任何商品都必须做到明码实价，对散装冰冻水产品（包括无定量包装的简装或裸卖的产品）应当在物价标签上（旁）标明该种散装冰冻水产品的含冰量（也可在简装商品包装上标明该包水产品的含冰量）。

9.4.3　变价作业

变价作业是指生鲜品在销售过程中，由于某些内部或外部环境因素的发生，而进行调整原销售价格的作业。变价作业的注意事项如下。

（1）在未接到正式变价通知之前，不得擅自变价。

（2）做好变价商品标价的更换工作，在变价开始和结束时都要及时更换商品的物价标牌以及贴在商品上的价格标签。

（3）做好商品陈列位置的调整工作。

（4）要随时检查商品在变价后的销售情况，注意了解消费者的反应，做好由商品销售低于预期而造成商品过剩的具体处理工作。

（5）商品价格调整时，如价格调高，则要将原价格标签纸去掉，重新打价，以免顾客产生抗衡心理；如价格调低，可将新的标价打在原标价之上。

下面提供一份××商场商品标价签管理规定的范本，仅供参考。

【范本】

商品标价签管理规定

为规范商品标价签管理，确保商品正常销售，更好地为顾客提供服务，特制定本规定。

一、商品标价签定义

商品标价签是经市发改局批准，市物价检查所监制，印有"××市×××商品交易有限公司"标志的商品价格标示。

二、价签的分类及使用范围

1.×××广场价签共三种：大号价签、中号价签、小号价签。

2.大号价签：适用于男装、女装、手机、大号箱包、钢琴、家电、档口餐饮，主要体现价格清晰醒目。

3.中号价签：适用于儿童、鞋类、男女背包，为了体现美观，鞋类、箱包可以配上价签托衬托。

4.小号价签：服装配饰、饰品、内衣、钱包手包、家居小物件。

三、填写商品标价签内容

1.品名：商品的全称（商品的品牌加上商品属性，例如，阿莱女装或阿莱上衣）。

2.编码：本专柜的商品码（6位码）。

3.产地：按商品标示中的实际产地填写，精确到市。国外进口国内组装，产地要写国内。

4.规格：即商品的销售规格。

5.等级：只填写"合格"字样。

6. 单位：商品的最小售出单位，如瓶、个、件、双、条等。

7. 质地：填写详见吊牌（鞋类、家居除外）。

8. 零售价：商品价格精确到分，需要用与价签相匹配规格的数字章填盖价格，数码之间要紧凑，并保留小数点后两位，且小数点后两位应略高于左侧数码。

四、商品标价签管理基本要求

1. 商品标价签标价准确，标示醒目，一货一签，货签对位，商品价格变动时及时更换。

2. 标价签书写要字迹工整（黑色碳素笔）、干净平整、不皱褶、不破损、不得涂改。

3. 销售商品中不同品名或相同品名的商品有下列情况之一者，实行一货一签：产地不同；规格不同；等级不同；材质不同；花色不同；包装不同；商标不同。

4. 商品标价签所示价格不得高于生产厂家外包装所标注的商品价格。宣传海报等价格标示，必须与商品标价签保持一致。

5. 标价签的摆放应横平竖直，依据标价签的大小及经营场所的实际情况，做到美观整洁。

6. 柜组内小商品不能使用正常价签的，可用打码器打印价格，因材质不能使用打码器的，如真皮手包，可把价签放入包内侧。

7. 所售商品的正挂、展台、模特及中岛架必须按标价签管理规定悬挂标价签。

8. 每月由业务部、现场部定期组织商场经理及主任进行联查，针对发现的问题进行整改和通报。

9. 因标价有误或管理不善造成公司经济损失的，追究当事人及其直接管理者责任。

9.5 生鲜商品促销

生鲜促销计划的意义在于对现有和潜在顾客，通过促销达到与消费者的信息沟通，再运用各种积极的方式、各种促销手段，以增加商品价值或提供便利性服务，吸引消费者且抓住消费者视线，从而刺激其购买需求。

9.5.1 生鲜促销目的

商场（超市）做生鲜促销的目的如图9-6所示。

- 在一定的期间内，提高营业额并提升毛利额
- 稳定现有顾客并吸引新顾客，以提高来客数
- 及时清理店内存货，加速资金运行回转
- 提升生鲜形象，提高门店的知名度
- 与竞争对手抗衡，降低其各项活动开展后对本商场（超市）经营的影响

图9-6 生鲜促销的目的

9.5.2 生鲜促销活动的种类

一般来说，商场（超市）的生鲜促销活动分为长期性促销活动与短期性促销活动两种，具体如图9-7所示。

长期性促销活动：是指进行期间多在DM期间或一个月左右。其主要目的是希望塑造本店的差异化优势，增加顾客对本店的向心力，以确保顾客长期来店购物

短期性促销活动：如店内促销、公司周促销，主要目的是希望在有限的期间内，借助具有特定主题的促销活动，提高来客数，达到预期的营业指标

图9-7 生鲜促销活动的种类

9.5.3 生鲜促销活动的方式

生鲜商品在进行促销时，一般有图9-8所示的几种方式。

图9-8 生鲜促销活动的方式

图示说明：

（1）折价促销：利用商品降价以吸引消费者增加购买。

（2）限时抢购：推出特定时段提供优惠商品刺激消费者购买的活动。

（3）有奖促销：购物满一定金额即可获得奖券进行兑奖。

（4）免费试吃、试饮：对季节性商品、新商品、高利益商品的推广，现场提供免费样品供消费者使用，如现场制作、现场演说，使顾客有安全感，让顾客有满足感，拉近顾客与卖场的距离。

（5）面对面销售叫卖：叫卖是面对面销售最好的一种方式，也是卖场内拉近顾客最好的手段，最能满足顾客的购物欲望。叫卖的重点商品为特价商品、价格低商品、新商品，要采用制造卖场活跃气氛为目的的方式。

（6）赠品促销：消费者免费或付出某些代价即可获得特定物品的活动。

（7）折扣券促销：顾客凭商场（超市）发行的优惠券购物，可享受一定的折让金额的活动，其目的是为了吸引顾客再次上门购物。

（8）竞争促销：提供奖品鼓励顾客参加特定的比赛以吸引购买人群的活动。

9.5.4 生鲜促销活动的运作

促销方法虽多且各有其效果，但若要使促销活动成功，最重要的还是要靠人员、商品、广告宣传、气氛布置等各方面的配合，这样才能使生鲜促销活动火爆有效、红红火火，以达到促销目标。

（1）促销人员的安排。对于促销人员的安排，需达到图9-9所示的要求。

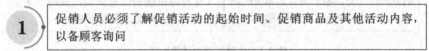

图9-9 促销人员的安排要求

（2）促销商品的准备。对于促销商品，要做好图9-10所示的准备工作。

1. 促销商品必须齐全，以免缺货造成顾客抱怨及丧失销售机会
2. 促销商品标价必须正确，以免使消费者产生被骗的感觉及影响收银作业的正确性
3. 商品的陈列位置必须正确且能吸引顾客，畅销品应以端架陈列来吸引消费者注意或大量陈列来表现丰富感
4. 对上市新品促销应搭配试吃的方式，以吸引顾客消费，以免顾客缺乏信心不敢购买
5. 促销商品应搭配关联性商品陈列，以引起顾客对相关产品的购买

图9-10　促销商品的准备工作

（3）促销广告的宣传。促销广告的宣传方面，要做好图9-11所示的工作。

1. 生鲜促销广告宣传方面必须确认广告宣传单已发放完毕，以免闲置逾期作废
2. 广告海报、红布条等应张贴于明显处，如入口处或布告栏上，以吸引顾客入内购买
3. 特价品POP广告应悬于正确位置，价格标示应醒目，以吸引顾客购买
4. 卖场不定时广播促销活动，以刺激顾客购买

图9-11　促销广告的宣传工作

（4）促销气氛的布置。生鲜促销活动可利用海报、旗帜等用品来标示商品特性，以增加顾客购物的气氛；也可利用灯具、电视播放、隔物板、模型等用品，以刺激顾客购买的欲望。

9.5.5　生鲜POP的布置

生鲜POP的作用主要在于简单介绍商品的特点，告知消费者商品的位置、新

商品、推荐商品、特价品等，并通过POP将整个生鲜卖场的气氛烘托出来，让消费者有一个良好的购物气氛，从而促使顾客消费购买。

（1）生鲜POP的设置。生鲜的POP广告要达到理想的宣传效果，不能仅靠POP广告物品自身成功的设计，还必须要有合理的设置。在设置POP应考虑以下几点，具体如图9-12所示。

从天花板往下挂POP广告物时，轻一点的东西可以用鱼线来吊挂，这样看起来比较美观，但要注意吊挂POP广告不要和该商品离得太远，以免顾客不知是哪个商品的POP广告

要把POP广告物放在陈列架上时，要注意广告物绝对不能遮挡商品

在设置POP广告物时，不能贴于商品上，也不能将商品打开小口插入，更不可直接在商品上描绘广告图案

图9-12　设置POP应考虑的要点

（2）生鲜POP标示。要根据物价局指定的内容进行标示，包括明确标示品名、规格、产地、单位、销售价等。此外，在做促销时还须标明原价、特价，这样消费者在促销期间可以进行比较，更可刺激其消费，提高购买力度。

9.5.6　生鲜现场的展示形式

生鲜的现场展示与气氛的制造，目的就是"活跃卖场、生鲜鲜活化"，让顾客来到能从耳中、眼中、嘴中体会到为顾客准备的生鲜商品，完全感受到"一切为顾客精打细算、样样新鲜天天平价"。也就是说，所谓"要顾客购买"，就要让顾客知道"好"在哪里。具体方式如下。

（1）现烤、现炸、现包……各种现场示范、各种现场制作。生鲜现场可提供多种口味的选择，介绍各种食用料理，赠送有关食谱，让卖场无时无刻都保持活跃的气氛。

（2）叫卖，面对面贩卖最直接的方式，也是拉近顾客的最好的方法，如何制造活跃气氛就从叫卖开始。

（3）要想将商品陈列展示于顾客面前，甚至于让顾客亲自品尝，让顾客感受满足感，拉近顾客与商品的距离，必须配合促销试吃、试饮、试用，使顾客对商品有认同感，进而产生购买意愿。现烤出炉的面包、熟食、比萨饼通过试吃（如图9-13），其销售数量均可增加数倍。

图9-13 面包试吃

 相关链接

现场销售创意

1. 果蔬

（1）可将西瓜大堆陈列，将西瓜剖开，让顾客了解西瓜质量及熟度。

（2）对于榴梿，可将其切割图用POP显示给顾客。

（3）强调商品是由生产基地直送、绿色食品、净菜……

（4）摆放榨汁机，现场操作榨汁，果汁百分百原汁，顾客可将新鲜带回家……

2. 鲜肉

（1）通过将"放心肉"的证明挂牌吊挂于销售区，强调质量保证，绝不缺斤少两，绝无注水肉出售等。

（2）现场处理、分割、烹调……

3. 水产

（1）活鱼的展示，强调鱼保鲜方法。

（2）提供杀鱼、清洁服务。

（3）提供各种烹调食谱与烹调方法。

（4）举办现场试吃……

4. 熟食、面包

（1）标示每日现烤、每日出炉时间。
（2）现场举办试吃，并且提供外带服务。
（3）为员工穿上大厨师的服装，塑造专业形象。
（4）可推出熟食餐、便当或各种便利简单的快餐。

9.5.7 现场气氛的制造与渲染

卖场气氛的塑造可以影响顾客对卖场的看法："这家超市感觉很有气氛、清洁、很适时、服务很好""这家超市的鱼很新鲜、干净""这家超市的肉吃起来很放心""这家超市卖的果蔬很新鲜、质量很好"……想要得到顾客良好的评价，除了利用现场展示等形式外，还必须利用促销手段来达到现场气氛制造及宣传的目的。营造促销气氛的方法具体如下。

（1）配合季节与月份来营造。配合季节与月份来营造促销气氛的方法如图9-14所示。

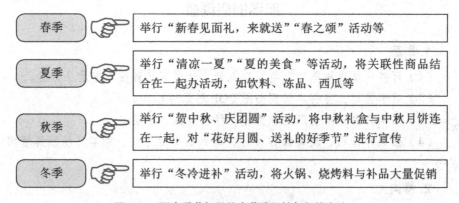

图9-14　配合季节与月份来营造促销气氛的方法

（2）配合商品组合来营造。配合商品组合来营造促销气氛的方法如图9-15所示。

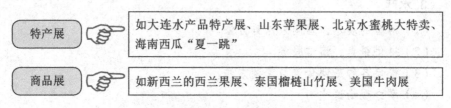

图9-15　配合商品组合来营造促销气氛的方法

（3）配合促销手段来营造。配合促销手段来营造促销气氛的方法如图9-16所示。

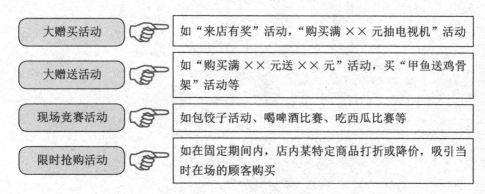

图9-16　配合促销手段来营造促销气氛的方法

如何调整生鲜商品的价格

价格永远是竞争最直接有效的制胜法宝，所以价格的把控是销售成败的关键，但超市的经营切忌不要只看到眼前的利益，而是要理性看待和冷静分析时时变化的商情，敏锐地观察受众的反馈，合理地调节商品价格。

1. 心理喜好

一般来说，差不多的价格如果带有1、4、7等，顾客从心理上往往不喜欢，而6、8、9等数字就能得到大家的喜爱。所以，要在价格的数字上多动动脑筋，这其实就是一种"文字游戏"，这种游戏做好了，会起到事半功倍的效果，反之，则会影响销售。

2. 看准时机

民间有俗话说"宁卖一抢，不卖一挡"，这是指要根据时间对生鲜新鲜度的影响及时变价（但不能自己随意变价，要及时申请更改系统），不要因为呆板的系统定价错过销售的好时机，因为生鲜产品就是贵在"鲜"，生鲜产品的"鲜"本身就在不停地变，所以定价也要审时度势。

3. 知己知彼

要认真调研竞争对手的价格变化，从而制定相应的价格以应对。

第10章
生鲜损耗管理

导言 ▶▶▶

生鲜一直都是商场（超市）的聚客利器。长期以来，由于生鲜损耗大，绝大多数商场（超市）只将其当做以微利甚至无利的优惠赢得客流量和客单价的策略性商品。不过，如今随着生鲜自营和精细化管理普及，生鲜通过科学的防损管理，也可以成为企业的盈利商品。

10.1 生鲜损耗产生的原因

在生鲜区所经营的多属于非标准、保存条件特殊的商品，再加上现场产品生产加工所涉及的管理过程和环节比一般商品繁琐复杂得多，需要管理控制的关键点增加。如果供、存、产、销之间的衔接协调不当，生鲜区产生损耗的环节自然就多，其中既有商场（超市）各部门带有共性的损耗原因，也有生鲜区特定的原因。

10.1.1 内部带有共性的损耗原因

商场（超市）内部各部门带有共性的损耗原因如图10-1所示。

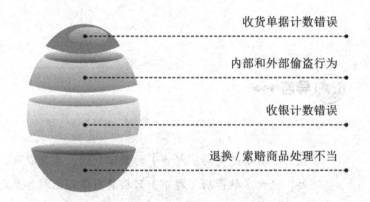

图10-1 内部各部门带有共性的损耗原因

（1）收货单据计数错误。在收货环节上，货物中相当一部分为非标准生鲜品和原材料，因鲜度、水分含量和冷藏温度等的不同，收货的标准受收货、验货人员的经验影响较大，出现判断误差和计数错误的可能性也较大，这里也不排除故意的人为原因造成的误差。

（2）内部和外部偷盗行为。生鲜商品和原材料因其有的可直接食用的方便性、保存陈列的方式和位置不同，一般来讲，水果、熟食、面点等部组的偷盗损耗率会高一些，而且一旦失窃不易查证。

（3）收银计数错误。收银计数错误常出现在两个环节，具体如图10-2所示。

（4）退换/索赔商品处理不当。部分商场（超市）未设立索赔商品管理组或专职人员，或管理工作不到位，索赔商品得不到及时处理，因此无法取得合理的索赔商品补偿，使得本可挽回的损失扩大化。

图 10-2　收银计数错误出现的环节

10.1.2　生鲜区特定的损耗原因

生鲜区特定的损耗原因有以下几种。

（1）生产责任原因。生产责任原因造成的损耗如图 10-3 所示。

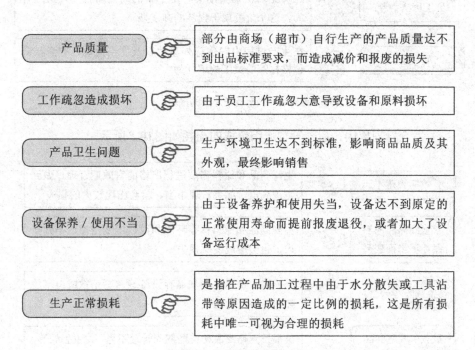

图 10-3　生产责任原因的损耗

（2）内部管理原因。内部管理原因造成的损耗如图10-4所示。

变价商品没有正确或及时处理	生鲜商品因鲜度和品质不同，致使价格变化比较频繁，如果管理不到位，变价商品得不到及时、准确的处理，就会产生不必要的商品或价格损失
店内调用商品没有登记建账	生鲜经营各部门之间常会发生商品和原料相互调用的情况，如果各部门的有关调用未建账或记录不完整，就会在盘点账面上出现较大的误差，造成库存流失
盘点误差	在生鲜盘点工作中，由于管理无序，或盘点准备不充分，对于盘点的误差不能及时查明原因，必然出现常见的盘点误差损失
订货不准	生鲜部门订货管理人员对商品销售规律把握不准或工作不够细致，原材料或外购商品订货过量，导致无法退换或逾期保存而造成商品过期或减价销售的损耗
员工班次调整	在员工班次调整期间，由于新的岗位需要一段适应时间，这个阶段属于损耗的高发期
人为因素	在生产过程中发生意外事故以及偷吃偷拿、有意打错价格标签的员工故意行为

图10-4 内部管理原因的损耗

（3）后仓管理原因。后仓管理原因造成的损耗如图10-5所示。

有效期管理不当	生鲜商品和原料需要进行严格的有效期管理，做到先进先出，如果管理不当，就会出现较大的损失
仓管商品和原料保存不当而变质	生鲜商品和原料保存环境和温、湿度条件达不到要求，也会造成变质损失
设备故障导致变质	因冷藏、冷冻陈列和储存设备运转不正常或出现故障，导致变质损失
破损／索赔商品管理不当	破损及索赔商品在待赔期间管理不当，发生丢失等，将无法继续获取赔偿而造成损失

图10-5 后仓管理原因的损耗

（4）销售区管理原因。销售区管理原因造成的损耗如图10-6所示。

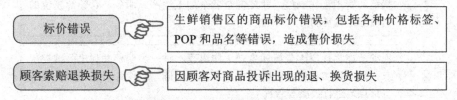

图10-6 销售区管理原因的损耗

10.2 损耗控制的思路

损耗控制涉及面广而且复杂，因此要以全员损耗控制意识和高标准的管理制度为保证，辅之以强化损耗原因分析。减少损耗的基本思路可从图10-7所示的三个方面展开。

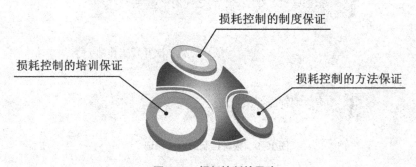

图10-7 损耗控制的思路

10.2.1 损耗控制的制度保证

制度保证的核心是列出相关工作流程，找出关键控制点，以高标准的管理制度的制定和执行来减少各个工作环节中可能出现的损耗，降低损耗发生的概率。它起着全面预防的作用，但同时也带有一定的被动性，在这个基本思路中有几项工作要点特别值得注意，具体如图10-8所示。

10.2.2 损耗控制的方法保证

方法保证是指在工作制度执行过程中，不断总结经验，选择好管理重点，以良好的管理技巧和方法达到损耗控制的目的。具体方法如图10-9所示。

① 要根据各生鲜部组具体的商品类别的加工生产流程，制定出各项操作规范和管理工作制度，建立健全各个加工生产、服务、仓管等工位的岗位工作责任制

② 根据上述损耗原因分析和生产工作流程，进一步明确并列出关键控制点，采取切实可行的关键点检查和控制措施，以便针对损耗多发环节有重点地进行控制与管理

③ 本着数字化经营理念，建立完善的损耗原因分析数据资料记录，每次重大损耗和事故的发生时间、环境、当事人、品种、数量、金额、原因等信息都应详细记录在案，定期对原始记录进行统计分析，将损耗控制要点及时提示给有关工作人员，指导、跟踪专项损耗控制工作的进行，最终使损耗控制工作建立在翔实的数据分析的基础之上

图 10-8　损耗控制制度保证的要点

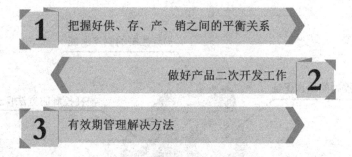

图 10-9　损耗控制的方法保证

（1）把握好供、存、产、销之间的平衡关系。管理人员要与员工一起，注意做好同期销售记录的积累和销售总结，共同分析不同季节和节假日的各类产品的销售规律，平衡好供、存、产、销的关系，提高原料和产品订货的准确性。这种平衡是建立在长期的经验积累和销售记录分析的基础上。

（2）做好产品二次开发工作。所谓生鲜产品的二次加工和深度开发，就是将即将过期卖不掉的商品，提前回收，转到其他生鲜部门去加工成熟食制品、半成品配菜，或者其他促销赠品，这方面的转化品种较多，毛利也大一些。

生鲜品二次加工和品种深度开发建议归入适当的部门，以便灵活经营促成良好的转换，这是经常被忽略、却有助于降低生鲜损耗的方法。

例如：切片面包可转制为面包干、三明治；蔬菜水果可转制为各式配菜、快餐、果盘、果汁；肉类可转制为调理肉、半成品肉菜；水产品可转制为半成品配菜等。

（3）有效期管理解决方法。生鲜商品的有效期管理是一项十分繁琐，但又必须认真对待的工作。有效期管理无序必将导致大量产品过期损耗。在这项工作中有几点细节需要考虑，具体如图10-10所示。

1. 安排专人整理货架，明确岗位责任或实施班组责任制
2. 所有产品的封口纸颜色隔日交替使用，例如单日为红、双日为绿等
3. 建立严格的有效期管理工作检查和复查制度

图10-10　有效期管理的细节

10.2.3 损耗控制的培训保证

从生鲜区防范损耗的各种工作分析中可以发现，生鲜区的人员专业培训投入与损耗发生明显呈反比，专业培训对减少损耗起着不可忽视的作用。培训的内容如图10-11所示。

图10-11　培训的内容

相关链接

对于生鲜区损耗控制的认识

在生鲜区经营管理过程中，各级管理人员对生鲜区的损耗发生和控制，应该有一个比较客观的认识。损耗控制一定要下大力气抓，但同时又不能走极端，因此要在以下几个方面的认识上把握好分寸，树立起正确的观念。

第一，应该保持合理的损耗比率。

根据每种商品的陈列标准和日常销售流量，其损耗应保持在基本合理的水平上，损耗发生过高和过低都属于不正常现象。损耗过高会直接冲减盈利；损耗过低以至于"零损耗"则存在着另一方面的危险，即它可能是以损失营业额为代价的，销售没有达到应有的水平。要保证足够的经营利润，又要把销售做足，就一定要根据不同的商品类别，保持各自合理的损耗率。

第二，损耗控制不能以降低产品质量标准为交换代价。

部分生鲜经营企业都存在这种不正常现象：将过期或变质商品回收重新包装、贴上新的生产出品标签再行出售。这种短期行为的经营方法将直接损害企业的经营形象，最终会伤及企业自身。损耗控制应从提高生鲜区销售额和提高管理水平的方向找出路，而不是降低生鲜商品的质量标准，这样做不仅不能解决问题，反而还会为此付出更大的代价。

第三，注重损耗的细节和原因分析。

商场（超市）的经营管理十分强调关注细节，生鲜经营更是如此，因此管理者要有足够的耐心来面对纷繁的管理细节，不放过任何一个细节，查找损耗原因要追根寻源，采取相应对策，定期检查落实情况，堵塞每一个可能产生损耗的管理漏洞。只有本着这种工作态度，才能做好损耗控制工作。总而言之，有损耗就必然有产生的原因，只要分析、找到了损耗原因，就会有解决问题的办法。

10.3 生鲜损耗控制的环节

生鲜损耗主要是从订货、采购、收货、搬运、库存、加工、陈列、变价、单据、盘点十个环节进行控制。具体如图10-12所示。

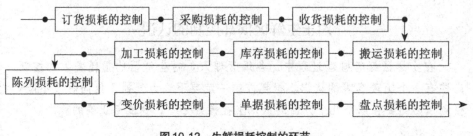

图10-12 生鲜损耗控制的环节

10.3.1 订货损耗的控制

在订货环节,按图10-13所示的措施控制损耗。

1. 科学合理地制订订货计划。订货计划是以销量来制订,也就是预估明天销多少,就订多少,再加上安全库存减去当日库存即可

2. 非加工类商品全面推行订货周表,要求门店严格按上周销量制订本周的订货;同时对类别单品库存进行严格规定,不同的类别库存单品只允许制订几天的订货计划,以控制不合理的订货计划带来的商品损耗

3. 加工类商品全面推行生产计划表,要求由处组长根据上周同期的销量计划本周的生产单品及数量

图10-13 订货损耗的控制

10.3.2 采购损耗的控制

在采购环节,按图10-14所示的措施控制损耗。

1. 建立自采商品反馈机制,对自采商品的质量、含冰量进行控制
2. 建立类别采购损耗标准,严格考核采购损耗
3. 提升采购人员的专业技能与谈判技巧,确保商品质量与价格

图10-14 采购损耗的控制

10.3.3 收货损耗的控制

在收货环节,按图10-15所示的措施控制损耗。

- 建立类别生鲜收货标准
- 验收人员必须具备专业验收经验,强化验收人员验收水平
- 按商品特性进行先后次序验收(例如鲜鱼、冻品等)
- 对直送商品、配送商品严格进行净重量验收

图10-15 收货损耗的控制

10.3.4 搬运损耗的控制

在搬运环节，按图10-16所示的措施控制损耗。

控制一　关键：轻拿轻放

控制二　在搬运过程中要更加留意，避免堆叠太高或方式不对，造成外箱支撑不住的压损或粗暴的搬运引起商品掉下的损耗

图 10-16　搬运损耗的控制

10.3.5 库存损耗的控制

在库存环节，按图10-17所示的措施控制损耗。

1. 最有效的办法：推行使用库存管理卡
2. 商品入库要标明日期，无论用书写的方式或以颜色区分的方式，外箱都必须标示入库日期
3. 取货必须遵守先进先出原则，也就是日期久的要先使用
4. 生鲜商品堆放要分类，便于货物寻找

图 10-17　库存损耗的控制

10.3.6 加工损耗的控制

在加工环节，按图10-18所示的措施控制损耗。

1. 加工作业必须遵守加工作业标准（生产计划表、食谱卡、工艺流程、边角料的处理）
2. 在果蔬部分，如进行水果拼盘和制作果酱等作业

3	在精肉部分,如注重分割下刀部位、切割形状、切割厚度等作业
4	在熟食部分,如按食谱卡进行标准作业,注重原料的使用量和烹调的时间等,及时将变色商品进行切制与制作盒饭等
5	在面包部分,如按食谱卡进行标准作业,将质量不佳的商品制作成多士片

图 10-18 加工损耗的控制

10.3.7 陈列损耗的控制

在陈列环节,按图10-19所示的措施控制损耗。

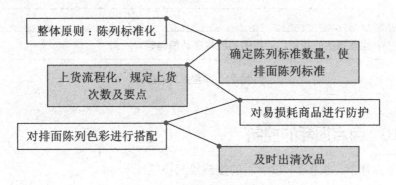

图 10-19 陈列损耗的控制

10.3.8 变价损耗的控制

在变价环节,按图10-20所示的措施控制损耗。

1	填写变价跟踪表;所有折价商品都必须填写手工折价表,通过手工记录特价码是由哪些单品组成,其销售量和销售单价分别是多少,通过手工折价表了解真实的变价损耗
2	规范变价权限
3	变价后的商品跟踪

图 10-20 变价损耗的控制

10.3.9 单据损耗的控制

单据损耗的控制措施如图10-21所示。

1 关键：规范填写各项单据

2 注意千克/克的价格

3 注意入库的供应商代码、税率、部门、收货数量、单位的填写等

4 注意在盘点前及时处理好各种单据（入库单、配送单、返厂单、返仓单、调拨单、报损单等）

5 注意调拨的数量、调拨的部门与商品编码等

图10-21　单据损耗的控制

10.3.10 盘点损耗的控制

在盘点环节，按图10-22所示的措施控制损耗。

1 关键：做好盘点前的培训，提高员工责任心，加强对盘点结果的稽核

2 盘点前仓库分类整理到位，避免甲、乙商品混盘

3 核对盘点单位与电脑单位是否一致

4 避免数字或输单的错误

5 加强对盘点结果的稽核，防止虚盘

图10-22　盘点损耗的控制

相关链接

超市生鲜降损耗增利润的环节

一、源头——预处理降损耗

采用源头直采，缩短供应链的长度，不仅可以降低采购成本，还能加强对生鲜状态的把握。比如，永辉超市生鲜采购都配有运输车队，在源头会通知各农户将商品集中送到集散地，再进行挑拣、剥皮、削根、清洗、打捆、装袋装箱和降温处理等简单处理。作为条件，每斤会多支付给农户一部分钱，这样可以保证生鲜在装车前就是最好状态。

对于那些怕湿的生鲜品类，永辉会在发货地进行除水处理。这样可保证装车运走的都是适合售卖的商品，节省了运输成本，同时也节省了配送中心处理损耗所需要的库房、人力等成本。通过这些措施，永辉以很小的成本，既有效地控制了运输过程中的损耗，又保证了商品的鲜度。

据介绍，永辉生鲜从田间到门店的损耗率远低于平均水平。例如蔬菜的损耗率一般在10%～15%，而永辉则只有5%左右。

此外，要做到商品质量好、价格低、品种丰富，配送中心建设不可或缺，良好的配送中心可实现仓储、分拣、加工、冷冻、切割等多项功能。

二、储存——创造不同的保鲜环境

不同的生鲜商品有不同的保鲜环境，超市就需要创造适合的环境以减缓生鲜新陈代谢过程中所造成的损耗。

例如，木瓜、芒果、香蕉、凤梨、哈密瓜等热带水果储存在密闭纸箱中，经过长时间的运输，温度会急速上升，运达仓库后要尽快降温处理，充分散热，再以常温保管。

不同生鲜有不同的温度标准，例如，熟食柜销售的食品温度不能低于60℃，冷冻柜温度应控制在-18℃以下，冷藏柜温度应控制在0～5℃。

叶菜类生鲜要直立保藏。有切口的蔬菜，切口应朝下。同时避免冷风直吹果蔬，否则果蔬容易失去水分而枯萎。为保持仓库内湿度，可在容器上覆盖吸水性好的湿的麻制厚布。

对于鲜活品类，必须保证鱼池中的商品都是活的，死亡的鱼要及时捞出做相应处理，以免细菌传染而影响其他鱼类。

一般面包房的面包和蛋糕只有一至两天的保质期，酥饼类保质期为半个月以上。所有商品在常温干燥的环境下保存即可。

三、售卖——促销加快周转

为了保持商品的新鲜程度，售卖时需要根据商品的品质进行价格调整，目的是保持商品质量，降低商品的损耗，从而加快商品售卖速度。

在业界看来，超市应适时把握折扣时机，以便将品质有差异的商品以不同价格尽快销售出去。但在打折时需要更注意商品的品质，对品质不一的商品要进行分拣，不可同台销售。对失去销售价值的商品，也应及时报损，否则影响顾客的信任度。

根据生鲜状态的不同，还可以以不同形式来销售。例如企业可通过专业设备来判断西瓜的糖度。如果糖度达到13度时，当天卖不掉，只能做损耗处理。那么超市可以在糖度达到13度时将西瓜切开售卖，并进行试吃体验。既解决了口感问题，也增加了销售机会。

有时候，促销低价也并不完全是按照商品品质来进行的。例如，永辉的生鲜经理每天5点开始市场调查，根据市场和竞争对手的价格情况及时调整售价，做到变价迅速，打击准确。为给顾客留下天天低价的形象，节假日时，商品的价格是最低的，因为这时客流量大，低价无疑会有更大的销量，同时也给顾客留下了低价的印象。

10.4 果蔬损耗控制

商场（超市）生鲜区的水果、蔬菜损耗是影响店面盈利的关键。果蔬种类越多，果蔬架的水果蔬菜架期就越难控制，尤其对于一些进口的水果，如果经营者不能很好地控制自然损耗，店面盈利就很难。果蔬损耗控制可以从图10-23所示的几个方面着手。

图10-23 果蔬损耗控制措施

10.4.1 合理订货

果蔬订货应考虑图10-24所示的因素。

图10-24 合理订货应考虑的因素

> **小提示**
> 在确定以上因素后再进行合理订货,可以减少不必要的库存损耗。

10.4.2 收货控制

控制好商品进货环节中的细节问题,如新鲜度、规格、数量,这样果蔬商品在陈列前,品质得到了保证。生鲜员工在收货时,要对商品进行严格把关,判断商品是否完好、是否新鲜,在外观、质量等各方面都要仔细地确认,这样才能保证进货的质量。

10.4.3 存货保鲜

收货完毕时要进行适宜的存货保鲜。水果、蔬菜作为商品,从表面上看,似乎停止生长,但实际上却依然进行着复杂的生理变化(呼吸作用)、生物变化和物理变化。同时随着变化的进行,水果、蔬菜的营养成分和食用质量也在逐渐下降。水果、蔬菜的这个特点决定了果蔬经营的难度,同时也要求商场(超市)必须做好保管保养工作。具体措施如图10-25所示。

措施一	要减少水果的腐烂变质,就需要对果蔬鲜活的特性加以了解,根据不同的品种采取不同的保管方法,如采用直接冷藏法、散热处理法、冰盐水处理法等对商品进行存货保鲜
措施二	对于部分没有冷藏库的中小型门店,可以将部分易损耗的品种放在有空调的房间并盖上湿布,在营业结束后放入冷藏展示柜进行保存保鲜,尽量减少不必要的损耗

图10-25 存货保鲜的措施

10.4.4 陈列吸引

蔬菜、水果是超市的主力商品之一，它们在超市的整体产品中虽然不是创盈利的主力产品，但却是吸引顾客的主力商品，蔬菜水果的陈列好坏对超市来说是至关重要的。蔬菜和水果由于不能像其他商品一样做到非常高程度的标准化，可采取如图10-26所示的措施。

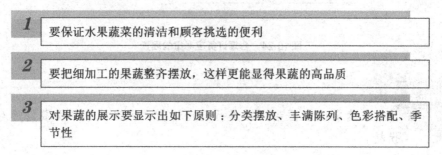

图10-26　陈列吸引的措施

10.4.5 合理定价

有了好的商品质量，价格也就能合理制定，但是在制定价格的时候，绝不能漫天要价，可按图10-27所示的步骤进行。

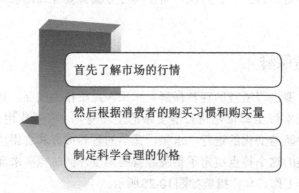

图10-27　合理定价的步骤

10.5　肉类损耗控制

对于肉类的损耗控制管理要主抓以下三个方面。

10.5.1 严格控制收货和验货

严格控制收货和验货的措施如图10-28所示。

1. 为了维持肉类鲜度,应优先过磅收货,并要求在最短时间内完成验货

2. 收货时要注意收货品项与订货的品项是否相符,送货单位与订单上所列单位是否相符,重量是否足重,不足重量当场扣除,要核对多送或少送,核对收货人员记录数量与实际收货数量是否相同,并与收货人员、防损员一同汇总数量

3. 收货时要严格控制肉类品质,要按照营运规范中收验货标准收货

图10-28 严格控制收货和验货的措施

10.5.2 正确营运管理

（1）肉类收货后,除现场展示外,其余肉类一律放入冷库保鲜,以确保肉类品质；且肉类加工处理速度要快,使其尽快商品化。

（2）肉类加工处理时应有专业人员操刀,要按照正确的加工流程操作,并且每一流程有专人负责。

（3）生鲜工要定时检查肉类品质,定时回收散货。若因销售差或因顾客挑选时不慎造成的损耗及品质劣化,应及时降价出售,或做加工处理,如原料肉铰肉馅、转熟食等。

（4）订货量要准确且要做到先进先出的原则。

（5）对于较易变质且回转率太低的商品,考虑是否继续出售或减少订货量。

（6）要经常做市场调查,使商品售价适合市场行情,提高售价吸引力,从而增加销售量,降低损耗。

（7）肉类要维持适当的库存量,滞销商品、季节性商品要及时处理,到货商品要及时陈列等,一般肉类库存量要保持在1.5天的销售量,过多会造成商品积压,过低会影响业绩。

（8）盘点要正确,杜绝弄虚作假,不要多盘或漏盘,要做好盘点前的准备工作,将部门转货、内部转货录入完毕。

（9）经常接受专业知识培训及思想教育,提高职业素质,严禁给相识的人私自将肉类价格打折或称重时多给等。

（10）肉类卫生条件的加强也可降低损耗，包括环境卫生、个人卫生、设备卫生等，可防止细菌的繁殖，有利于肉类保存。

（11）肉类展示柜要及时检查温度，当温度不正常时，会对肉类的保鲜造成很大影响，可能导致肉类变质，造成损耗。

10.5.3 了解肉类报损标准

当肉类外部发现有黏液、颜色变暗、变灰或微绿色，手指挤压已无弹性，有腐臭味及边角废料已无利用价值，均需填报废单报废。

10.6 水产损耗控制

水产损耗的产生是多方面的，水产品的"验收→鲜度处理→加工处理→陈列销售"过程中，各个环节都有可能发生损耗，要想有效控制水产品的损耗发生，就必须对各个加工处理环节严格控制。

10.6.1 水产品重量控制

水产品重量控制措施如图10-29所示。

图10-29　水产品重量控制措施

> 小提示
> 因为不同的冷冻水产品有不同的含冰量，可事先将同类商品自然解冻来测试其含冰量。

10.6.2 水产品的品质与规格

水产品因鱼体规格的大小不同,其价格的差异性也相当大,因此验收时,一定要详细核对订单上描述的规格。

10.6.3 鲜度管理与加工处理

水产品的鲜度管理与加工处理方面,良好的鲜度管理与专业的加工处理均可降低损耗。

10.6.4 销售与报废

鲜度下降时的降价销售与腐败变质后的丢弃是造成损耗加大的主要原因之一,鲜度稍有些下降但没有变质的商品,可以通过细加工处理成另一种商品出售,例如做成配菜、丸类等,以此减少损耗。

10.6.5 水产品报废标准

水产品报废标准,具体如图10-30所示。

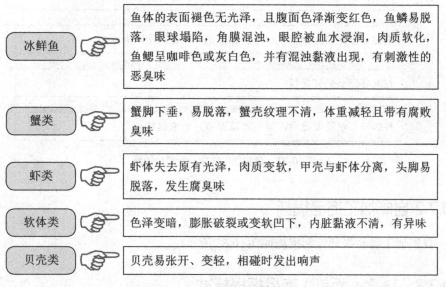

图10-30 水产品报废标准

> **小提示**
> 快过期的水产品可以与厂商沟通降价销售，也可采用试吃、叫卖的方式尽快销售完毕；已过期的水产品，可争取与供应商协商调换或退货。

10.7 熟食（面包）损耗控制

熟食（面包）损耗控制可从以下几个方面着手。

10.7.1 严格管制收货、验货

严格管制收货、验货的措施如图10-31所示。

1. 外制熟食收验货需扣除皮重，扣除进场后加工处理的漏失部分（试验出一个标准，按比例扣除）
2. 外制面包收验货应注意规格、商品是否受损、保质期
3. 冻品称重时要扣除纸箱、冰块的重量，以货品净重为准
4. 控制好商品的订货量
5. 外制商品退货要准确，避免产量过多，造成损耗

图10-31 严格管制收货、验货的措施

10.7.2 自制加工商品损耗

自制加工商品损耗控制措施如图10-32所示。

10.7.3 熟食（面包）商品报损标准

熟食（面包）商品报损标准如图10-33所示。

第10章 生鲜损耗管理

1. 自制加工商品须依据生产日报表来加工生产

2. 进入卖场的商品除了陈列的外，其余的应入冷藏、冷冻库储存（包括加工剩余的原料）

3. 原料加工时，为尽量减少损失，应依据商品的食谱操作，减少调料的浪费

4. 烤类、炸类、其他须腌制的商品应按酱料的比例进行腌制

5. 每日应间隔30分钟回收一次散货商品，加强内部管制，严禁偷吃

6. 每天营业前应检查电子秤、打标机是否正常

7. 每月盘点数据要准确，严禁虚报数量、增大库存量

8. 如商品保质期所剩不长时，应立即作清仓处理，避免全部报损

9. 按先进先出的原则进行补货，定时检查冷藏、冷冻库的温度变化情况

图10-32　自制加工商品损耗控制措施

1. 肉质外部若有颜色变黑、变灰或微绿色（发霉），肉质无弹性、有异味，则商品已无利用价值，均需报废

2. 熟食中卖相不佳（烤煳、炸焦）的商品，发霉、有异味的商品，已无法销售，均需报废

3. 面包保质期过期，发霉、变质、干硬等商品，已无法销售，均需报废

图10-33　熟食（面包）商品报损标准

10.8 日配损耗控制

日配商品都有自己不同的最佳储藏温度,如温度过高或过低都会引起商品变质产生损耗,为防止损耗必须严格控制,具体措施如图10-34所示。

1. 商品存放注意各种陈列柜不同的使用容器,以免由存放不当而导致变质

2. 注意保质期时间,先将保质期短的商品先出货、补货,以免商品保质期过期产生损耗

3. 日配商品较之其他商品的保质期更短,如鲜奶等在夏季几个小时便有可能变质。因此要及时收拾散货,以减少顾客因排队等因素丢弃商品造成的损失

图10-34 日配损耗控制措施

> **小提示**
>
> 　　出货商品的摆放应上轻下重避免重压,补货必须尽快码货,不宜长时间置于卖场空地;常温品要避免强热光近距离直接照射,在码货时不可高于出风口装载线,以免造成损耗。

10.9 生鲜耗材控制

做好耗材管理,避免无谓损耗,降低耗材费用,以提升生鲜利润。

10.9.1 生鲜耗材高消费种类

生鲜耗材高消费种类包括生盘子(塑料包装盒)、连卷袋、保鲜膜、热敏纸(标签纸)、终止胶带、吸水纸、叶片、特价贴纸等。

10.9.2 耗材控制方法

耗材控制方法如表10-1所示。

表10-1　耗材控制方法

序号	类别	控制方法
1	进价过高	采取连锁采购，统一议价，降低成本；加强谈判技巧
2	不正确使用	（1）按消费者购物习性及商品特性，可以散装售卖，或是以"颗""粒""条"出售，可减少保鲜膜、热敏纸的浪费 （2）包装盒包装物品时，须根据消费习性与商品特性进行包装"多与少"的包装，要符合包装耗材规格，不可呈现"多包小""少包大"，以免浪费与造成包装后的空洞感，应提高耗材使用的效益及商品的价值感 （3）标价签纸（热敏纸），不可乱出纸张，不可乱印，尤其是在装纸测试时
3	偷窃	（1）全员反内、外盗，尤其避免联营厂家未经许可而使用 （2）奖罚分明，加强员工责任感
4	避免诱导顾客大量不当使用	（1）连卷袋提供位置不宜太多，应放于适当位置且少设置 （2）有顾客大量不当使用时，应出面制止
5	库存过高	订货以每周二次或每月四次为准，避免库存太高

10.10　生鲜报损手续

生鲜报损手续如图10-35所示。

第一步	报损商品由生鲜各部清理、归类、统计数量打包，并如实写报损单，一定要完整填写明细资料
第二步	主管必须检查报损商品是否达到报损要求，核实报损商品的品项、重量（数量）、原售价及总计金额
第三步	经主管部门经理签字确认后，若报损金额超过××元以上（各企业可以根据自己的情况定），须经店长（值班经理）签字确认才有效
第四步	报损单一式三联，楼面一联、防损一联、电脑录入员一联，各自存档
第五步	报损商品必须送至指定位置清倒并销毁
第六步	所有报损商品不得堆放，必须当天报损，当天处理
第七步	报损商品过多的品项，一定要通知采购，以便追踪改善

图10-35　生鲜报损手续

第11章
生鲜鲜度管理

 导言 ▶▶▶

> 生鲜食品的经营是一项技术含量高、管理要求严的专业工作，如有不慎，容易造成损坏和变质，营养质量下降。生鲜食品的新鲜度是消费者共同关注的首要问题，也是商场（超市）生鲜经营的立足点。

11.1 鲜度管理的相关知识

11.1.1 鲜度管理的目的

鲜度管理是为了保证生鲜商品在卖场及加工间都能处于最佳卫生状态,使商品的寿命更长、价值更高,从而提供给顾客最新鲜的农副产品。

11.1.2 鲜度管理的重点

让顾客放心购买的关键是长时间保持生鲜品的鲜度,以确保商品品质不受损失。因此,商场(超市)必须做好生鲜品鲜度管理工作。只有具备良好的现场作业管理与良好的保鲜专业技术才能确保生鲜品的鲜度和质量。

11.1.3 鲜度管理的标准

生鲜食品的鲜度管理标准是为生鲜区食品的鲜度管理提供工作依据,确保生鲜食品质量合格。对于生鲜品的鲜度标准,不同的规模、不同的经营侧重点,其鲜度标准也有所差异。表11-1仅供参考。

表11-1 生鲜食品鲜度管理标准

序号	类别	储存、陈列鲜度标准	处理方法	时间
1	蔬菜类	楼面陈列蔬菜类,要放置于蔬菜货架内常温存放;后仓储存根茎类、瓜类,需常温存放;叶菜类需要冷藏,适宜在5℃左右环境	陈列时要进行整理,除去泥土	叶菜为1~2天;瓜类为3~5天;根茎类为5~8天
2	水果类	楼面陈列商品可常温进行保存,后仓储存大部分商品可以冷藏存放,部分商品需要常温存放(如香蕉、芒果、菠萝、榴梿等)	商品陈列中要随时进行商品的检选,避免果体因挤压产生损伤,感染其他果类	山竹、提子类为2~3天;苹果、橙类为5~7天;瓜类为7天
3	肉类	冻肉:-18℃。冷藏肉:0~5℃	收货后迅速进入冷库冷藏,减少在常温下的暴露时间	鲜肉为3天;冻肉为30天

续表

序号	类别	储存、陈列鲜度标准	处理方法	时间
4	海鲜类	冷藏海鲜：宜在低温存放，一般温度0～5℃ 鲜活海鲜：必须是鲜活的，常温20℃左右并持续加氧 冷冻海鲜：-18℃	收货要迅速，尽量减少在常温无水的情况下暴露的时间，尤其是鲜活鱼	冰冻为30天；活鲜为1～7天；冷藏为3天
5	面包类	大部分常温下陈列；部分低温蛋糕在0～5℃环境下陈列	陈列时遵循先进先出的原则，保证在有效销售期内出售，避免挤压	3天
6	熟食类	热熟食存放于热柜内；冷熟食在0～5℃环境下存放	陈列时遵循先进先出的原则，保证在有效销售期内出售	2天

注：
（1）如保存时间超过保鲜时间，请参照临到期商品处理工作规范。
（2）冷柜自动化霜每天6次，间隔4小时自动化霜1次，每次持续时间大约20分钟，在此期间，温度计显示值上升至12～13℃，因时间较短，故不影响商品的陈列及商品质量。
（3）应注意自动化霜的时间周期及持续时间。如有异常情况，即报上级处理。

11.1.4 生鲜食品的保鲜方法

商场（超市）的生鲜食品，一般可以采取表11-2所示的保鲜方法。

表11-2 生鲜食品的保鲜方法

序号	保鲜方法	具体说明
1	"低温与湿度"管理	防止散热及抑制呼吸量是最有效的保鲜方法
2	冰冷水处理	指利用冰冷水及碎冰覆盖于生鲜产品上面的方法，如冰鲜鱼、葱、蒜的保鲜等
3	冰盐水处理	指提供一个盐浓度3.5%的冰水混合物，使水温降至0℃环境下的处理。此方法可保持生鲜商品养分不易流失、保持新鲜，如水产品的鱼保鲜
4	强风预冷设备	指利用强风预冷，使生鲜品呼吸未达到高度时就迅速下降，因而保持叶面翠绿，常用于刚采摘的叶菜类
5	冷藏苏生（回生技术）	对鲜度开始减退的生鲜品需要再次提高鲜度，苏生库房的温度控制在3～5℃，湿度控制在90%～95%

续表

序号	保鲜方法	具体说明
6	保鲜膜包装	覆盖保鲜膜可抑制生鲜品水分蒸发和呼吸，防止失水皱缩和呼吸热损耗，以达到保鲜目的
7	冷藏库冷藏	在0～5℃的低温条件下保鲜
8	冷冻库冷冻	在–40～–18℃冻温条件下冷冻
9	清洁、卫生条件	作业场地、设备、切割刀具按程序清洁，作业员工也必须按程序清洁，以防细菌交叉污染及迅速繁殖
10	冷藏、冷冻的运输设备	防止冷藏、冷冻的运输设备在运送过程中出现温度过高、风吹、退温等问题

11.2 果蔬鲜度管理

生鲜是商场（超市）的灵魂，果蔬是生鲜的灵魂。在商场（超市）里不新鲜的果蔬不但容易招致顾客的抱怨和投诉，而且会使顾客对卖场所销售的商品的鲜度产生怀疑，最终顾客必然会对商场（超市）的果蔬失去信心。因此，必须做好果蔬鲜度管理。

11.2.1 果蔬的生长特性

从生物学角度来分析，果蔬的生长过程是发芽、开花、结籽、枯萎。门店所销售的果蔬一般是在枯萎前采摘的，因此到门店的果蔬都是活的，是有生命的。它们在门店销售过程中将继续维持生长的过程。

不同的果蔬种类，处于不同的生长发育阶段，其新陈代谢的强度不同，呼吸作用的强弱也不同。影响果蔬呼吸强度的重要因素如图11-1所示。

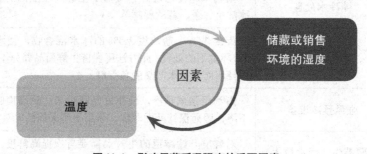

图11-1 影响果蔬呼吸强度的重要因素

11.2.2 保持鲜度的现场处理办法

针对大部分果蔬需要在低温或适宜的温度下来保鲜,商场(超市)一般采用以下几种方法来保鲜。

(1)用保鲜袋包装。防止水分蒸发,并有孔洞使其散热。

(2)刚进货的果蔬要尽早降温。要尽快入冷藏库保鲜,不需入冷藏库的要打开包装散热(香蕉、菠萝、哈密瓜)。

(3)冰水处理。将水槽盛满0℃冰水,将产生热量较大的(玉米、毛豆类)全部浸入,使其降温到7～8℃,然后沥干水分入冷藏库保存。

(4)复活处理(适宜叶菜)。将失水叶菜放入一般水温水槽中,吸收水分,根部也要浸入,使其复活。

(5)增加湿度。在陈列架上的果蔬特别是叶菜、花果类,在室温下会加快变质、枯萎,需要经常喷冷水降温及保持湿度。

11.2.3 陈列商品鲜度检查及处理

生鲜商品鲜度不佳会招致顾客的抱怨,影响销售,因此做好鲜度检查是果蔬部员工的重要工作,具体如下。

(1)上货补货时全数检查质量。进货时一般是抽验,上架时则要全数检查,将不良品挑拣出来。

(2)营业前也要检查前一天剩余的果蔬的品质状况,检查当日上货架果蔬质量。

(3)顾客对商品进行挑拣、捏压都会影响鲜度,商品也会因陈列的时间加长而使品质劣化,所以各岗位员工应随时进行陈列整理和挑选;若湿度不够,则要经常喷水。

(4)被拣出的不良品及时处理,可以进行加工再售,制作果盘或复活处理;也可以特价售卖;无法售卖的商品再做报损丢弃。

(5)每日果蔬产品务必推陈出新。

11.3 肉类鲜度管理

肉类制品的鲜度管理非常重要,只有良好的鲜度管理才能获得消费者的肯定,满足顾客需要,促进肉类的销售,提高营业额,否则只会增加损耗。肉类鲜度管理的措施如图11-2所示。

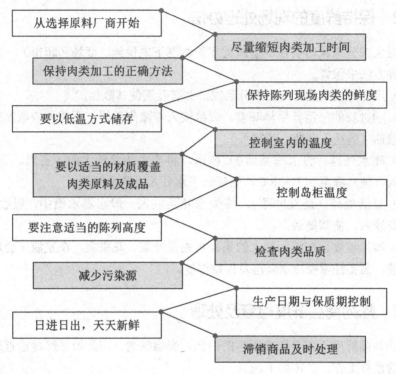

图 11-2　肉类鲜度管理的措施

11.3.1　从选择原料厂商开始

一般要选择有规模、有制度的正规厂商,其肉类质量、运送效率和屠体货源都有保障,故牛、羊肉的冷冻原料应选择规模较大的贸易商;猪肉、家禽等冷藏原料肉,则选择具有优良肉类制品的厂商,这样才能使原料鲜度得到保证。

11.3.2　尽量缩短肉类加工时间

为了维持肉类鲜度,应尽量避免将肉类长时间暴露于常温中,通常肉类在常温中 20 分钟,其温度即可上升 2℃,细菌也会随着温度的上升而繁殖。在 37℃下,5 小时可以使 1 个细菌增生 10 亿个细菌,因此肉类在停止加工后要立即送回冷库保鲜。

11.3.3　保持肉类加工的正确方法

肉类加工时要按一定的工作流程操作,每一工作环节要有专人负责。

11.3.4 保持陈列现场肉类的鲜度

保持肉类鲜度的现场处理方法如下。

（1）冷盐水处理法。这是肉类保鲜常用的方法，是以0.9%左右的冷盐水，水温在0℃左右，浸泡原料肉约15分钟，鸡肉5～10分钟，内脏10分钟，以达到保鲜效果。这种处理方法的好处如图11-3所示。

1. 可以在肉类分切过程中，使逐渐上升的肉温急速下降，可防止细菌的增殖
2. 可使在内部形成汁液的肉类利用冷盐水渗透而使肉质更为紧密，在分切时较为容易
3. 0℃左右的低温，对肉类有良好的保存效果，可使脂肪在低温下变得较为坚硬，使脂肪不易变质

图11-3　冷盐水处理法的好处

（2）冰温法。利用调整原料肉的冷藏温度，使之接近肉的冻结温度，最适宜温度为–1.7～0℃。

11.3.5 要以低温方式储存

低温可以抑制细菌的繁殖，故为维持肉类的鲜度，无论是原料，半成品或成品均要以冷冻、冷藏方式储存。其注意事项如下。

（1）在加工处理前，都要预冷10～15分钟。

（2）冷冻肉类应在–18℃以下的冷冻库储存，冷藏肉类应在–1～1℃之间的冷藏库储存。

（3）冷库内贮藏的肉类不要堆积过高，且不要紧贴墙面，须离墙面5厘米，以维持冷风正常循环，否则会影响品质。

（4）冷库内要用货架放置肉类。

11.3.6 控制室内的温度

在低温下加工处理肉类是维护肉类鲜度的良好方法，低温可以抑制细菌的繁殖，使肉类不易变质，处理室内的温度要控制在10～15℃。

11.3.7 要以适当的材质覆盖肉类原料及成品

肉类表面如果长时间受冷气吹袭，表面水分很容易流失，而产生褐色肉，损害口感，因此分装原料肉时要用塑胶布盖上或保鲜膜包装后再储存。

11.3.8 控制岛柜温度

冷冻柜温度应控制在–18℃以下，冷藏柜温度应控制在0～5℃。

11.3.9 要注意适当的陈列高度

陈列时，肉类勿堆积太高，因为重叠部分温度会升高，影响冷藏效果，从而影响肉类鲜度。

11.3.10 检查肉类品质

无论在营业前、营业中、关店时，均应检查肉类品质，及时处理不良品。肉品鲜度检查可通过以下几种感官方法检视。具体内容如表11-3所示。

表11-3 肉品鲜度检查方法

序号	方法	具体操作
1	看颜色	（1）肉品最初呈鲜红色，短时间与空气接触后仍呈鲜红色 （2）如果长时间暴露在空气中，肉色会变成褐红色或灰褐色，此时即表示鲜度欠佳 （3）如果已呈绿色或黑色，则表示肉品已腐坏
2	嗅味道	如果肉品有异味，即表示鲜度不佳
3	检查表面状态	（1）如果感觉水分较多，甚至有水滴滴下，即表示肉品的质量差，而且吃起来没有味道 （2）如果肉品的表面干燥且肉色暗红，这也是异常现象，这时的肉品很可能腐坏
4	检查肉品组织的弹性	新鲜肉品组织的弹性佳，手轻按后形成的凹陷能很快恢复；松软、无弹性的肉品表示鲜度较差

11.3.11 减少污染源

要经常实施作业场所、个人、设备等卫生管理，以减少商品污染或带菌，使肉类鲜度下降。具体措施如图11-4所示。

1. 做好运输车辆或容器、储藏冷库、加工间、设备、人员及工具的卫生管理及消毒工作,减少细菌的污染源

2. 将已污染的肉制品的表面剔除,包括肉屑、脂肪屑等杂料,减少对肉制品的污染

3. 避免交叉感染,猪、牛、羊及禽类的储藏、处理要分开,生熟加工要分开,包括刀具、砧板、加工机器要分开使用,并在不同的处理程序开始前进行清洁、消毒

图 11-4　减少污染源的措施

11.3.12　生产日期与保质期控制

收货时要注意生产日期与保质期,特别是冻品、干货,超过保质期限 1/3 则不应收货。

11.3.13　日进日出,天天新鲜

肉类必要时要降价清空,做到日进日出,以良好的商品流转保证肉类天天新鲜。

11.3.14　滞销商品及时处理

滞销商品要及时处理,可按照图 11-5 所示的程序进行处理。

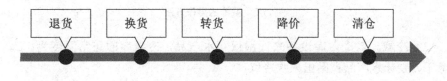

图 11-5　滞销商品处理程序

11.4　水产品的鲜度管理

水产品在捕捞出水后,大部分都不能及时处理,比较容易腐败变质的内脏及鱼鳃等,就会随着水产品一起运送。捕捞的时候,水产品由于挤压和挣扎,其体

内或体外都极易受伤,即使将水产品做低温保存,能对水产品产生作用的水中细菌仍然会侵入肌肉使水产品的品质变坏;再加上产品本身的肌肉组织、成分、特性都比陆上动物脆弱,容易受伤,鱼鳞易脱落,细菌极易从受伤部位入侵。另外水产品由于体表普遍都带有黏液,更加容易助长细菌的繁殖;况且水产品的肌肉在死后因为本身具有的各种酶素作用比陆上动物的活泼,使水产品的肉质容易变坏,所以必须迅速加以适当的处理才能确保水产品的鲜度。

11.4.1 鲜度管理的现场处理方法

水产品鲜度管理的有效方法是低温管理,因为低温可缓和鲜鱼的酶素作用以及抑制细菌繁殖作用。低温管理的方法有以下三种。

(1)敷冰。敷冰是以碎冰(或片冰)覆盖于鱼体,温度保持在5℃以内。具体操作如图11-6所示。

供应商每天送来的水产品在运输过程中受外界影响,原覆盖的碎冰多已化解,使水产品的体温回升,为了避免影响鲜度,验收完货后,应立即将水产品运回渔岛敷冰作业

经常注意冰台上陈列的水产品是否有足够的覆冰,并且随时添加碎冰及喷洒足量冰盐水,以保持水产品的鲜度

每晚生意结束时应将没有卖出的水产品细心地装入塑料袋内再放入泡沫周转箱,泡沫周转箱的上下均应覆盖冰块来维持低温再送入冷藏库,因为水产品表层如果不与空气直接接触,则水产品的鲜度可以维持比较长的时间

图11-6 敷冰的操作方法

(2)冷藏。以冷藏库设备来低温保存水产品,冷藏库的正常温度为0℃,要注意千万别让水产品裸露出来吹冷气。

(3)冷冻。以冷冻库设备来低温保存水产品,冷冻库的正常温度为-18℃以下。

11.4.2 低温管理的内容

对于现场中的低温管理,要注意以下要点。

(1)严格要求供应商低温运送,不要产生冷却中断现象,温度升高容易破坏水产品的肌肉组织,从而影响其鲜度及品质。

（2）验收货与加工处理时应尽量减少水产品在常温中的裸露时间。

（3）水产冰鲜品，表面温度应维持在5℃以下。

（4）待处理的水产品应该是存放冷藏、冷冻库内，生熟分开，分类存放。

（5）冷冻品解冻时需要在低温下进行，解冻时间应缓慢才能确保品质。在加工前一天，将冷冻水产品移至库中，使其温度升高到0℃左右，然后再进行处理。

（6）冷冻水产品若要加工，最佳时间为鱼体尚未完全解冻前。

（7）冷藏库（柜）温度设定在–2～2℃之间，冷冻库（柜）温度设定在–25～–18℃之间，并定期检查库温

（8）冷冻（冷藏）水产品存放不可以超过冷冻（藏）库的安全线（送、回风口），冷冻（藏）库（柜）必须定期清洁与清洗，任何水产品都不可以二次冷冻。

（9）如果条件允许，操作间的温度应该控制在15℃以下。

（10）要求加工处理、包装迅速，以免商品温度升高。已包装好的成品应该立即送入展示柜或冷冻库。

（11）检查到有鲜度不良或有异味的水产品应立即从冷冻（藏）库（柜）中剔除，避免发生交叉、连锁污染。

相关链接

水产品鲜度质量标准

水产品鲜度质量的鉴定，可采用感官检测法、化学检测法、物理检测法和微生物检测法。我们通常多采用感官检测法，即根据水产品的外形、色泽、质地、气味等的变化，通过人的感官（视觉、嗅觉、触觉等）来评定鲜度。这种方法可在短时间内检测水产品的鲜度，具体如下。

一、鱼类

1. 眼球

（1）新鲜：眼球饱满凸出，角膜透明清亮有弹性。

（2）较新鲜：角膜起皱，稍混浊，有时发红。

（3）不新鲜：眼球塌陷，角膜混浊发红。

另外，刚宰杀的眼球饱满丰润；宰杀已久的鱼或是经过冷藏的鱼，眼球干瘪无光。

2. 鳃部

（1）新鲜：鳃盖紧闭，不易打开，鳃色和鳃片鲜红，鳃丝清晰，无黏液

或黏液透明，无异味（淡水鱼可带土腥味）。

（2）较新鲜：鳃盖较松，容易打开，鳃丝粘连，鳃色呈暗红色、淡红色或紫红色，黏液略有酸味或腥味。

（3）不新鲜：鳃丝黏结，鳃色呈褐色、灰白色，黏液混浊，带有酸臭、腥臭或陈腐味。

另外，刚宰杀的鱼鳃部横条清晰可辨，呈褐色或暗红色。宰杀已久的鱼鳃部横条模糊，呈黑色。

3. 肌肉

（1）新鲜：肌肉坚实有弹性，压陷处能立即复原，无异味，肌肉切面有光泽；腹部和肌肉组织紧密而有弹性，手拿鱼头悬空搁置时，鱼体略有弯曲。

（2）较新鲜：稍松软，弹性较差，压陷处不能立即复原，稍有腥酸味，肌肉切面无光泽，脊骨处有红色圆圈。

（3）不新鲜：松较，弹性差，压陷处不易复原，有霉味和酸臭味，肌肉易与骨骼分离。

二、虾类

（1）新鲜和较新鲜：头尾完整，有一定的弯曲度，色泽、气味正常，外壳有光泽，呈半透明状，紧附着虾体，虾体肉质坚实，有弹性，体表呈青绿、青黑或青白色，色素斑点明显。

（2）不新鲜：头尾脱落或易离开，不能保持原来的弯曲度，外壳失去光泽，甲壳黑变较多，体色变红，甲壳易与虾体分离，虾肉组织松软，有陈腐气味或氨臭味。

三、蟹类

（1）新鲜和较新鲜：色泽鲜艳，外壳呈青绿色或黄绿色，腹面色泽洁白，蟹体肥壮，腿肉坚实，螯足挺直。

（2）不新鲜：色泽暗淡，外壳呈暗红色，腹面出现灰褐色斑点和斑块，蟹肉松软，腿肉空松瘦小，螯足下垂。

四、活蟹鉴别法

（1）手掂：大小差不多的螃蟹，掂动时，质量重的肉满质好；反之质量轻的肉少质差。

（2）翻动：将蟹身翻过来，背着地，如能很快翻身过来，说明生命力强；反之，翻不过身来的，肉质滋味差。

11.5 熟食鲜度管理

熟食在存放和销售的过程中,由于外界因素和自身的变化,熟食原有独特的风味、口感会逐渐减少、消失,甚至变味。此时,熟食不再拥有新鲜的口味,食品鲜度下降,品质降低,即使从眼观上判断没有变酸、变臭,但实际上已经发生变质,也就不符合销售质量的要求。熟食风味的变化是一个自然的过程,与存放时间有密切的关系,时间越长,风味散失得越厉害。

商场(超市)可按图11-7所示的措施来加强熟食鲜度的管理。

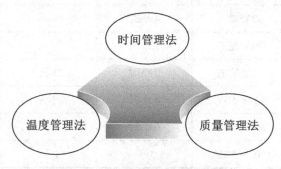

图11-7 加强熟食鲜度管理的措施

11.5.1 时间管理法

细菌在15℃以上的适宜温度下,一天的繁殖足可以使食品发黏变质。大部分的中式熟食陈列在常温下,这一温度,恰好是细菌最容易繁殖的温度段。因此规定热熟食的保质期最多是1天。1天并不是一个保险时间,如果外界环境的温度过高(如炎热的夏天)或食品制熟时受细菌污染比较严重,熟食制品就会在几小时内变坏。

> **小提示**
> 正确的时间管理法是小时管理法,所有销售的熟食都必须立即生产、立即销售,且每1小时必须对产品质量进行检验。

11.5.2 温度管理法

科学研究表明,熟食中含有导致肠道传染病的大部分细菌,在62℃以上的高温加热15～30分钟，即可杀死。所以在制作、陈列熟食的过程中，通常采用温度法来消灭细菌。但对于凉菜，加热则导致其风味的彻底损坏。凉菜的控制方式应当采取低温的方法，在0～5℃之间，细菌的繁殖降到较低，可以延长食品的保质期。

对于熟食存放的温度与时间的把控，可以参考表11-4所示的指标。

表11-4 熟食温度、时间管理指标

品项	温度要求	陈列时间	极限时间	售卖方式
烤熟食	62℃以上	4小时	1天	柜中
炸熟食	62℃以上	4小时	1天	柜中
卤熟食	20℃左右	2小时	半天	柜中、包装
中式熟食	25℃左右	2小时	1天	包装
中式热菜	30～50℃	4小时	半天	柜中
中式面点	30～50℃	6小时	1天	柜中、包装
凉菜	0～5℃	1天	2天	柜中、凉台

11.5.3 质量管理法

（1）熟食的质量要求。对熟食的质量要求，包括色、香、味、形四个方面，具体如图11-8所示。

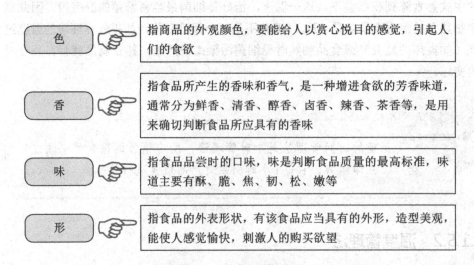

图11-8 熟食的质量要求

（2）熟食的质量标准。商场（超市）应制定相应的熟食质量标准，以保证熟食的新鲜、卫生、安全。表11-5～表11-8列举部分熟食的质量标准。

表11-5　烤类熟食质量标准（部分）

品种	色	香	味	形	劣质形态
烤鸡	颜色金黄色或褐红色，表面油亮	有烧烤的焦香味	咸度适中、口感稍硬，有腌制酱料的风味	外表饱满，表皮嫩焦，规格基本统一	焦煳、破皮、外形不工整、过咸或异味
烤鸡腿	颜色金黄色或褐红色，表面油亮	有烧烤的焦香味	咸度适中、口感稍硬，有腌制酱料的风味	表皮嫩焦，规格基本统一，颜色一致	焦煳、大小规格相差太远、颜色浅、过咸或异味
烤鸡翅	颜色金黄色或褐红色，表面油亮	有烧烤的焦香味	咸度适中、口感稍硬，有腌制酱料的风味	表皮嫩焦，规格基本统一，颜色一致	焦煳、两面颜色不同、颜色浅、过咸或异味
金沙骨	颜色金黄色或褐红色，肥肉较少	有烧烤的焦香甜味	咸度适中、口感稍硬，有腌制酱料的风味	排骨肉质均匀，颜色均匀	焦煳、过肥、部分不熟、颜色发黑、过咸或异味

表11-6　炸类熟食质量标准（部分）

品种	色	香	味	形	劣质形态
炸鸡腿	颜色金黄色或黄色	香味明显，类似麦当劳的风味	口感酥脆、香辣，肉有咸香味	外形大而炸粉均匀分布，形成细密鱼鳞状的鳞片	脱粉、部分上粉严重不均、颜色焦黑，规格相差太远
炸鸡全翅	颜色金黄色或黄色	香味明显，类似麦当劳的风味	口感酥脆、香辣，肉有咸香味	外形大而炸粉均匀分布，形成细密鱼鳞状的鳞片	脱粉、部分上粉严重不均、颜色焦黑，规格相差太远
炸鸡中翅	颜色金黄色或黄色	香味明显，类似麦当劳的风味	口感酥脆、香辣，肉有咸香味	外表炸粉均匀分布，形成细密鱼鳞状的鳞片	脱粉、部分上粉严重不均、颜色焦黑
炸薯条	颜色金黄色或黄色	有鲜炸薯条的香味	口感外皮香脆，内部酥软，有咸味	薯条大小均匀、条直不碎、脆而不软	过碎、过软、焦煳

表11-7 卤类熟食质量标准（部分）

品种	色	香	味	形	劣质形态
卤牛肉	颜色褐红或酱红色	有牛肉的卤香味	咸度适中，口感软韧偏硬，卤制风味	切后的形状厚薄均匀，纹路横切，碎渣少	牛肉颜色发黑，不熟，口味不够，干燥
卤凤爪	颜色金黄色或浅黄色，有光泽	卤制香味	咸度适中，口感筋道，卤制风味	大小一致，规格适中，爪心无黑茧，外表湿润	颜色发黑或发白，药材味过重，卤制过烂，有黑茧，表面干燥
卤猪耳	颜色金黄色或浅黄色，有光泽	卤制香味	咸度适中，口感脆嫩，卤制风味	切片厚薄均匀，薄而半透明，表面湿润	颜色发黑或发白，药材味过重，卤制过烂，表面有毛，碎渣过多
卤鸭掌	颜色金黄色或浅黄色，有光泽	卤制香味	咸度适中，口感筋道，卤制风味	大小一致，规格适中，外表湿润	颜色发黑或发白，药材味过重，卤制过烂，表面干燥
卤猪肠	颜色浅黄色	卤制香味	咸度适中，口感烂而软嫩，非常香，卤制风味	切段长短一致，刀口相同	卤制时间短不烂，内部表面处理不净，有异物、异味
卤猪蹄	颜色褐红色，表面有光泽	卤制香味	咸度适中，口感烂、软嫩，卤制风味	大小相似，块状完整，有皮	不熟，不烂，口味不够，肉骨脱离，有毛，有腥味、异味

表11-8 中餐类熟食质量标准（部分）

品种	色	香	味	形	劣质形态
炒饭类	色彩鲜艳分明、有光泽	该品种应有饭香味、蛋香味、配料香味或酱料香味	咸度适中、口感香糯	主料和配料搅拌均匀、米粒饱满、各种配料炒制的火候恰到好处	搅拌不均、油量过大、米饭太烂、有大饭团、异物，配料炒得过火或不熟
炒粉类	色彩鲜艳分明、有光泽	该品种应有粉香味、配料香味或酱料香味	咸度适中、口感爽滑	主料和配料搅拌均匀、米粉光亮、各种配料炒制的火候恰到好处	搅拌不均、油量过大、有大结块、粉软烂、过碎、有异物，配料炒得过火或不熟

续表

品种	色	香	味	形	劣质形态
炒面类	色彩鲜艳分明、有光泽	该品种应有面香味、配料香味或酱料香味	咸度适中、口感爽滑、软嫩稍韧	主料和配料搅拌均匀、面条光亮、各配料炒制的火候恰到好处	搅拌不均、有大结块、面软烂、过碎或发黏,有异物,配料炒得过火或不熟
荤菜类	色彩鲜明协调、主色突出,有该商品标准的颜色	该品种应有香味,如清鲜怡人、醇厚香浓、香辣扑鼻等	具有该品种应有的口味,是顾客喜欢的美味	各种菜炒制的火候恰到好处,菜鲜肉嫩、料形大小适当、形状一致,汤菜比例、菜肉比例、主配料比例正确	使用不符合标准的原料,配方的比例不正确,过咸或过淡或味不对,烹调过火或不熟,原料形状、大小不一,成品色彩太差、异物、焦煳
素菜类	主料的本色鲜明,如翠绿、奶白等	该品种应有香味,一般清淡或酸辣味为主	主味突出,或酸甜,或鲜嫩,起调节补充主菜口味的作用	各种菜炒制的火候恰到好处,菜鲜嫩、料形大小适当、形状一致,汤菜比例、主配料比例正确	过咸过淡,菜炒得过老或汤太多,原料质量不符标准,原料形状、大小不一,成品色彩太差,有异物
汤类	颜色鲜艳或汤色奶白/乳白	鲜香	咸味适中或体现主料味道或醇香	无浮沫、无勾芡的疙瘩	有浮沫,过咸或味淡,有异物

11.6 日配品的鲜度管理

商场（超市）的日配品主要是指保质期在30天以内的食品,主要包括面包、牛奶豆浆、火腿肠、包装熟食、低温储存的小菜豆制品、冷冻面点、冷冻蔬菜、冰品、冷冻水产等。其鲜度管理措施如图11-9所示。

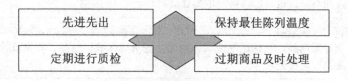

图 11-9　日配品的鲜度管理措施

11.6.1 先进先出

日配商品在仓库码放必须标明生产日期,以便在出货时能做到保质期越短越先出货,避免造成商品鲜度下降、增加损耗。

11.6.2 定期进行质检

日配商品除了保质期是一种鲜度依据外,其贮存温度也是影响鲜度的重要因素。

此外,每日必须进行质量检查:看真空食品是否已脱空;牛奶、果汁纸盒是否漏气,开始发酵、膨胀。这些都可造成鲜度不良,必须严格筛检。

11.6.3 保持最佳陈列温度

日配商品鲜度最佳贮存温度如表11-9所示。

表11-9 日配品最佳贮存温度

序号	品项	标准温度
1	牛奶、果汁、乳酪	0～4℃
2	蛋类	18～20℃
3	冷冻食品	–18～–20℃
4	冰品	–20～–25℃
5	腌菜、肠、肉类	4～8℃

11.6.4 过期商品及时处理

根据日配品容许期限一览表检查,对于快过期商品,可以采用图11-10所示的方法予以处理。

1. 快过期,可与厂商协调,降价销售;采用试吃、叫卖的方式,尽快销售完毕
2. 过期商品,可与厂商协调更换商品
3. 非订货商品,包括试吃或试销商品,进货时即破损商品、非季节性的商品均应退货处理

图11-10 过期商品的处理方法